新时代博雅教育中国化的理论与实践研究

李立男　蔡远利　著

广西师范大学出版社

· 桂林 ·

图书在版编目（CIP）数据

新时代博雅教育中国化的理论与实践研究／李立男，
蔡远利著.—桂林：广西师范大学出版社，2021.9
ISBN 978-7-5598-4206-0

Ⅰ.①新… Ⅱ.①李…②蔡… Ⅲ.①教育研究-
中国 Ⅳ.①G52

中国版本图书馆 CIP 数据核字（2021）第 174086 号

新时代博雅教育中国化的理论与实践研究
XINSHIDAI BOYA JIAOYÜ ZHONGGUOHUA DE LILUN YU SHIJIAN YANJIU

出 品 人：刘广汉
责任编辑：刘孝霞
助理编辑：吕解颐
封面设计：王鸣豪

广西师范大学出版社出版发行

（广西桂林市五里店路 9 号　　　邮政编码：541004
网址：http://www.bbtpress.com ）

出版人：黄轩庄
全国新华书店经销
销售热线：021-65200318　021-31260822-898
江苏凤凰数码印务有限公司印刷
（南京市鼓楼区中央路 165 号　邮政编码：210009）
开本：690mm×960mm　　1/16
印张：14　　　　　　　字数：210 千字
2021 年 9 月第 1 版　　2021 年 9 月第 1 次印刷
定价：58.00 元

如发现印装质量问题，影响阅读，请与出版社发行部门联系调换。

　　本书承 2017 年福建省本科高校教育教学改革研究项目重大项目"基于博雅教育理念的'三位一体'人才培养模式探究"（编号 FBJG20170099）计划、2017 年福建省高校新世纪优秀人才支持计划、2020—2021 年厦门市思想政治教育研究项目支持

引 言

　　中国特色社会主义建设已经进入了新时代，我国经济发展已经由高速增长转变为平稳增长。这个时代是科技迅猛发展的时代，是人工智能、互联网、大数据等新技术逐步渗透到政治、经济、文化、教育等方方面面的时代，是求贤若渴的时代。培养什么样的人、怎样培养人对社会发展、国力增强、文化进步意义重大，也是教育特别是高等教育不能回避的问题。习近平总书记在 2018 年全国教育大会上明确提出，我们要"培养德智体美劳全面发展的社会主义建设者和接班人"，"要努力构建德智体美劳全面培养的教育体系，形成更高水平的人才培养体系。要把立德树人融入思想道德教育、文化知识教育、社会实践教育各环节，贯穿基础教育、职业教育、高等教育各领域，学科体系、教学体系、教材体系、管理体系要围绕这个目标来设计，教师要围绕这个目标来教，学生要围绕这个目标来学"。①

　　教育肩负着培养经济社会发展需要的人才的重任，需要与时俱进地进行改革，也需要引进、吸收先进的教育理念来补充与完善。

　　我国高校现阶段的本科专业主要依据专业目录设置，其目的是将专业结构的设置与经济发展、产业结构的需要实现无缝对接，大多数高等教育

---

① 习近平：《坚持中国特色社会主义教育发展道路　培养德智体美劳全面发展的社会主义建设者和接班人》，《人民日报》2018 年 9 月 11 日第 1 版。

以就业为导向，具有浓厚的"功利主义"色彩，因而学生的学习动力不足，厌学情绪高涨。经济的高速增长提供了更多、更好的就业岗位，而经济增速放缓时，就业压力就凸显了出来。因此，新常态下的高等教育在继续强调服务社会功能的同时，更需要重视高等教育的人才培养、科学研究与人文教化功能。

纵观现代教育发展的历史，在人格培养方面，博雅教育（liberal education）最具代表性。我国传统与现代的优秀教育思想影响深远，在教育发展过程中，也吸收和借鉴了许多西方的优秀思想。而在借鉴过程中我们需要关注一些问题，例如，如何取其精华去其糟粕？如何卓有成效地吸收西方博雅教育的先进思想理念，并与我国的优秀传统文化、当代文化有机融合？这也是本书要探讨的主要问题。

目前，博雅教育已经成为我国高等教育改革的重要内容，主要成果体现在受教育者全面发展的培养目标上。但是，其中一些问题仍然较为突出，最为明显的就是课程体系设置问题。在高校博雅教育教学过程中，课程还比较杂乱，不成体系；缺乏实现博雅教育目标的课程链条及核心课程、精品课程。另外，还存在缺乏成熟的培养方案、课程内容的创新，以及教学方式与手段过于陈旧等问题。本书在介绍西方现代博雅教育的教育理念、课程设置以及教学方式等的同时，对其在我国进行的本土化研究与实践，特别是在工科院校开展的博雅教育改革实践进行探索研究，力图为形成较为成熟的人才培养模式提供理论依据。

目 录

第一章 导 论

在现代教育理念指导下，我们在强调培养学生专业知识的同时，更要注重对学生包括品德在内的各方面能力与素质的培养。西方的一些教育家对此也提出了很多宝贵的意见和建议。例如，哈佛大学原校长德里克·博克（Perek Bok）期望大学"回归大学之道"；斯坦福大学提出"一个斯坦福大学"的本科教育目标；麻省理工学院发布"高等教育改革的催化剂"报告，强调大学的首要任务是培养学生、以学生为中心追求卓越教学。以"学生投身学习"的意愿和强度为标准评价本科教育质量等观点已被越来越多的大学和研究者接受。

一、新时代博雅教育中国化的提出及其意义

随着现代经济领域分工的不断细化与专业化，专业教育在高等教育中的地位越发突出。现代高等教育越来越呈现职业化、市场化的倾向，由此导致高等院校在专业知识教育与人格培养上出现了一些问题，大学生缺乏批判精神、反思能力、创造性及明确的价值观。事实上，专业教育与职业生涯规划只是高等教育的一部分，更为重要的则是"立德树人"方面的教育责任、关注大学生的全面发展，以及专业教育以外更多的教育内容。例如，

学生人格的塑造、品德的培养、人文素养的提升等。事实上，博雅教育在国内外的兴起正是对现代大学这些教育问题的反思与批判。因此，我们试图通过博雅教育解决这些问题。理论与实践的经验证明，博雅教育的实施与本土化的移植是目前大学教育改革的思路和方向之一。

（一）问题的提出

截至 2020 年 5 月，我国高等教育已经进入普及化阶段[①]，这就需要我们对这个时代的人才重新进行定位。相应地，对于以往的教育教学模式也提出了新的要求，需要我们改变过去以专业教育为主的培养模式，形成以通识教育与终身学习为基础的新的人才培养模式。在我国经济发展已经进入新常态的形势下，高等教育需要兼顾服务社会的功能，并将人才培养与科学研究、人文教化功能结合起来，这也是西方博雅教育历来注重和研究的内容之一。对于工科高校而言，开展博雅教育是新工科内涵建设的重要内容，也是提升工科高校人文内涵的重要途径。

理工科学者、研究者与教师的敬业精神、钻研精神、高尚的人格、崇尚真善美的人文素养等都与博雅教育理想契合，也应注重增强理工科学生的人文素养、品格素养。人文素养主要体现在完善的人文知识、社会知识，并具有鉴赏真善美的能力、追求真善美的信念；品格素养则是适应时代发展需要的、具有高尚人格的建设者的必备素养。人文素养与品格素养是培养全面发展的学生的主要内容，也是"立德树人"的根本要求。

我国的博雅教育在实践过程中，虽然在培养目标上有所突破，但是，在课程设置上仍然充斥着一部分"凑数"课程，好多课程是从国外其他高校的培养方案中直接移植过来的，这在学科通识教育模块中体现得尤为明显，没有完全贯彻博雅教育的思想精髓，缺乏根据各校学生特点和博雅教育思想具体设计的、能真正体现博雅教育精髓的课程内容。这些问题需要进一步探讨与研究。

---

① 见《2019 年全国教育事业发展统计公报》。

（二）理论意义与实践意义

大学通识教育（包括博雅教育）与专业教育主次的问题，在西方的争论可以追溯至古希腊时期。可以说，关于注重通识教育的培养还是注重实用技能的培养的争论一直没有停止。进入现代社会后，经济社会发生巨大变化，教育也相应地出现了很大的变化，在教育日益大众化的趋势下，教育产业化开始迅速发展，因而，教育也趋向功利化。在这种大背景下，高分低能、人格培养缺失、道德伦理意识滑坡等问题越发凸显，甚至引发了一些严重的社会问题。因此，教育需要拨乱反正，需要重新梳理重人格培养的博雅教育与重技能型人才培养的专业教育之间的关系。我国优秀传统文化中的教育思想是重视人格的培养与塑造，但是，值得关注的是中国的现代教育在引进西方教育理念的同时，却丢掉了既有的先进教育思想，从这个角度上说，西方教育思想的借鉴，包括博雅教育中国化也应该是重拾中华传统文化中优秀教育理念的过程。因而，无论是对解决现代教育出现的问题而言，还是对中华优秀传统文化的创造性转化与创新性发展而言，目前对于教育教学理念的研究与实践探索都具有深远的理论意义与现实意义。

1. 理论意义

首先，从学理上梳理博雅教育的渊源，分析博雅教育产生、发展与演变的历史过程；其次，从本体论的视角去探讨博雅教育中的一些重要概念，包括自由（liberal）、自由人、自由技艺（liberal arts）等，并对其内涵以及渊源进行梳理与阐述；再次，通过个案研究，并借鉴英国、美国等实施博雅教育较为典型的学校在培养人才方面先进的经验，在摒弃其等级教育、精英教育等糟粕思想的基础上，试图从学理上建立适应我国发展需要的博雅教育理论，形成博雅教育中国化的理论实践模式。

博雅教育理念的学理梳理，首先要明确培养对象，其次是要了解其产生发展的历史背景。博雅教育在古希腊、古罗马时期特指自由人的教育，随着历史的发展，博雅教育的内涵虽然有着明显的变更，但是，一直到18、19世纪，自由人都是指有闲阶级，受教育者基本上都是贵族子弟，博雅教育具有明显的等级意识。我们在研究博雅教育本土化的过程中，首先要明确培养目标，即要明确我们的博雅教育究竟要培养什么样的人。我国春秋时期的思想家孔子曾提出"有教无类"的教育思想，习近平总书记在2018年教育大会上的讲话中明确提出我们要培养德智体美劳全面发展的社会主义建设者和接班人，从中可明确得出上述问题的答案。

博雅教育课程——自由技艺的学理分析，则是在西方教育史的基础上对自由技艺、人文学科等概念以及实施内容、实践意义进行梳理，了解自由技艺发展的大致脉络，解决博雅教育的课程结构的构建与课程设置等问题。具体分析方法则是在纵向分析的基础上，再进行横向的比较研究，既对国外实施博雅教育的著名院校进行比较，也对国内目前实施博雅教育的高校进行比较。在分析比较的同时，寻找各高校实施博雅教育的优势与不足，针对不足提出相应的解决问题的对策。

2. 实践意义

本书从文献研究、逻辑论证、实地考察等多种方法入手，广泛汲取国内外教育理念的先进思想，并在理论研究与实践探索的基础上，明确人才培养模式的理论内涵。博雅教育在具体的实施过程中，应该从价值取向上回归教育本源，把"文理交融、博古通今、做人第一、修业第二"作为人才培养目标；把学生的人格塑造以及全面发展作为教育价值追求，使学生在教育过程中关注自身的价值，培养学生适应新时代需要的批判性思维与创造性思维。

第一，形成有利于实现学生自身价值的教育教学模式。高等教育的价值最主要应该体现在让学生掌握自我发展的能力。"每当美国高等教育出现危机、面临迅速变化时，通识教育总是被看作应付这些挑战、进行革新的催化剂。"[①] 而人文精神缺失、精神素质结构失衡等是当今国内高等教育面临的挑战。实施博雅教育是当下高校应对挑战的重要措施之一。博雅教育本土化的具体措施表现为对博雅教育内容体系与课程结构的调整，而这些又涉及课程组织与选课制度建设、教师的观念转变与教学能力提升等

---

① 李曼丽：《通识教育——一种大学教育观》，北京：清华大学出版社，1999年，第72页。

问题。

第二，聚焦人的全面发展的目标和宗旨。现阶段中国的教育方针明确指出，我们要培养德智体美劳全面发展的社会主义建设者和接班人。人的全面发展既是人类的永恒追求，也是现代教育的最高理想，而关心人的发展是大学的本质。在博雅教育教学模式下，学生学习各学科知识，开阔视野与眼界，并对所学的知识融会贯通，形成综合、全面和系统的认识与了解；通过对不同学科理念和价值的认识，形成自己的判断力与价值观；在理解各门学科之间关联的基础上，探索学科之间进一步融合发展的可能性。博雅教育应进一步发掘学生潜力，进而培育全面发展的受教育者，实现高等教育的目标和宗旨。正如罗索夫斯基所说："通识教育是描述某些大学学院教育的一种方式。这个术语也可在狭义上表示除主修课或专修课以外的要求，目的在于确保知识的广度和平衡，使个人获得全面发展。"[①]

第三，培养学生的创造性思维。博雅教育课程设置是以课程为载体，以实现"全人"培养为目标，这也是创造型人才培养的内在要求。由于博雅教育内容涵盖自然科学、人文科学、社会科学三大领域，因而在教育实施的过程中，学生通过学习到的不同知识、技能与思维方法，形成知识的相互碰撞，容易产生创造性思维的火花。而博雅教育课程设置的全面性、基础性、理论性、综合性为创造型人才的培养奠定了基础。另外，多彩的第二课堂活动、全面的课外阅读范围和丰富的校园文化建设等为大学生创造性思维的培养提供了积极、开放的校园环境。

第四，形成创新型人才培养模式。博雅教育为学生提供知识互动，构建了相应的课程体系，从服务社会经济发展需要的角度培养创新型人才。新时代高校理应在此基础上形成自己的特色，提升自身的教育教学水平，并形成可分享的人才培养模式。在满足社会人才需求的同时，根据互联网、大数据、云计算等新技术的特点，有效地整合学校资源，更好地服务于经济社会建设是博雅教育更为重要的实践意义所在。

[①] 亨利·罗索夫斯基：《美国校园文化：学生·教授·管理》，谢宗仙、周灵芝、马宝兰译，济南：山东人民出版社，1996年，第98页。

第五，以厦门工学院的实践为例，寻找高校实施博雅教育的有效路径。厦门工学院作为民办工科院校，在新时代新工科建设和新文科建设的背景下，始终坚持人文学科与社会学科的教育教学，并在此基础上不断完善教育理念和教学工作，试图提供一种可供借鉴的高校人才培养模式。

二、文献综述

博雅教育源远流长，研究历史也较为悠久，本书主要从现代教育理念入手，对近代以来有关博雅教育的研究进行归纳整理。因而在文献研究上，本书侧重于对近现代文献的研究。中国对于西方意义上的博雅教育的研究始于"五四运动"后，近些年，鉴于教育中出现的问题，国内一些大学也开始了博雅教育的研究与实践。

（一）国外博雅教育研究综述

在 20 世纪 60 至 80 年代，关于博雅教育的研究进入了黄金时代。学者主要从以下几个方面开展博雅教育的相关研究：

1. 博雅教育内涵的演变

从古希腊时期博雅教育的概念提出以来，在漫长的欧洲教育史中，博雅教育一直占据核心地位。随着历史的发展，博雅教育的内涵有着明显的语义变更。例如，17 世纪至 19 世纪，在英国，liberal 的主要含义是指绅士般的品格，包括博学、文雅、宽宏等品质；20 世纪，英国和美国对于 liberal 的主要释义为自由和解放；到了 20 世纪 80 年代，由于分析哲学的影响，"伦敦学派"推崇自由教育理论的赫特斯等人发表了一系列理论，其核心观点更多地从"自由""解放"的视角，而并不是从古典意义上去理解 liberal 一词，因此，现代意义的博雅教育已经在某种程度上摆脱了"博雅教育"的古典含义。

2. 博雅教育的研究方法

国外博雅教育的相关研究，有两种主要的研究方法：历史学方法与哲学方法。根据两种研究方法形成了两个不同的研究博雅教育的学派，并形成了两种不同的博雅教育传统。金博尔在 1986 年出版的《雄辩家与哲学家：博雅教育观念史》一书中，对两种传统及其表现特征进行了论述。他认为，两种传统分别对应演说家和哲学家，演说家秉承的是"artes liberales"传统，注重培养人的领导才能和演说能力；哲学家则属于"liberal free"传统，注重知识的增长与学术的研究，以及人的思维能力，特别是反思能力的培养。

"西方的博雅教育研究史即高等教育研究史都是这两种传统互相矛盾、互相促进和共同发展的历史。哲学家占主导地位的博雅教育则是晚期的中世纪、19 世纪的德国大学以及 20 世纪以来的研究型大学；雄辩家占主导的则是文艺复兴时期的意大利以及 18 世纪的英国和美国。"① 事实上，金博尔的分析疏于对文本的分析，也未曾注意到古罗马时期"liberal"一词就已经具有自由的意蕴，特别是注重精神的自由。"从词的源头看，他没有注意到亚里士多德的'自由人科学'这一概念的使用。另外，对于英国博雅教育的研究并没有深入，对于纽曼的评价有失公允甚至着墨甚少。"②

3. 博雅教育的课程研究

"对于博雅教育课程的文献研究可以追溯至 19 世纪末英国历史学家帕克发表在《英国历史评论》上的一篇题为《博雅七艺》的文章。"③ "1906 年，美国学者保罗·埃贝尔森在其博士论文中对中世纪的七艺进行了文化史视角的解读。"④ 在博雅教育课程设置的实践上，以 20 世纪二三十年代掀起、五六十年代形成共识及教育热点的通识教育运动影响最为广泛深远。赫钦斯、艾德勒、米克尔约翰、司各特·布坎南等人是推动者，最具代表性的研究者是厄尔·麦格拉斯与丹尼尔·贝尔。在 1956—1968 年任哥伦比亚大

---

① Bruce A. *Kimball, Orators and philosophers*: *A history of the idea of liberal education*, New York: Teachers College Press, 1986.

② 沈文钦：《西方学者对博雅教育思想史的研究：1890—2005》，《清华大学教育研究》2009 年第 6 期。

③ H. Parker, "The Seven Liberal Arts," *The English Historical Review*19 (1890)：417-461.

④ Paul Abelson, "The Seven Liberal Arts,"*a Study in Medieval Culture*, New York, Teachers' College, Columbia University,1906.

学师范学院高等教育研究中心的执行主任期间，麦格拉斯领导的高等教育研究中心的主要任务就是通识教育研究，并相继出版了一系列很有影响的著作。

4. 英国博雅教育的研究

英国博雅教育历史悠久，影响深远。美国学者罗思布拉特先后在 1976 年、1993 年出版了《英国博雅教育的传统与变革》[①]和《冥神的肢体：英语世界的博雅教育》[②]。《英国博雅教育的传统与变革》对英国博雅教育进行了较为系统的研究，同时，这也是一部打破博雅教育研究厚古薄今传统的代表性著作。《冥神的肢体：英语世界的博雅教育》则围绕"熟练"与"全人"之间的矛盾来考察博雅教育的思想史。罗思布拉特的贡献主要表现在：第一，他认为英国传统的博雅教育是鼓励维持社会现状，并向贵族阶级和有闲阶级靠近，因此，"它才鼓励浮光掠影式的学问"[③]；第二，他将英国博雅教育与德国的"修养"教育进行对比，认为英国的博雅教育是不讨论纯学术的"入世"的教育，而德国的"修养"教育是"出世"的纯学术的教育，是强调知识的发现和研究的方法的。

5. 启蒙运动与博雅教育的研究

"1960—1986 年是博雅教育思想史研究的黄金时代"[④]，继金博尔之后，西方学界又涌现出了大量的相关研究成果。德国学者海因茨·里恩于 1997 年出版的《通识教育与自由社团：启蒙时代盎格鲁－撒克逊世界博雅教育的转型》一书中，对17—18 世纪英语世界的博雅教育概念的转型进行了研究，并将启蒙运动与 18 世纪的博雅教育观念联系起来。海因兹·里恩认为，博

---

① Sheldon Rothblatt, *Traditon and Change in English Liberal Education*, Faber and Faber, 1976.

② Sheldon Rothblatt, "The Limbs of Osiris: Liberal Education in the English-speaking World," in *The European and American University since 1800: Historical and Sociological Essays* edited by Sheldon Rothblatt and Bjorn Wittrock, eds. Cambridge, New York: Cambridge University Press, 1993.

③ Ibid.

④ 沈文钦：《西方学者对博雅教育思想史的研究：1890—2005》，《清华大学教育研究》2009 年第 6 期。

雅教育理论关注的是现代经验科学和自由政治理论，认为教育应该传授实用的知识，使人能够有效地参与政治事务和公民生活。

6. 博雅教育历史文献的研究

此外，有些学者从学术史的角度，对与博雅教育相关的历史文献进行研究、翻译与注疏，这类研究的内容包括：七艺的典律是如何形成的，柏拉图与奥古斯丁之间的思想渊源，奥古斯丁对异教文化的真实态度，等等。另外，还有些研究聚焦于人物之间的影响以及人物的生平，这一学派的代表人物主要有亨利·马鲁、威廉·斯塔尔、伊尔塞特劳特·哈多特、迈克尔·马西等，其中，教育史权威亨利·马鲁的研究影响最为深远。

（二）国内博雅教育研究综述

国内对博雅教育的研究是从五四运动后"西学东渐"的过程中发展起来的，但是，多数是从实践的角度去借鉴博雅教育的理念并实施博雅教育。例如倡导"思想自由，兼容并包"办学理念的蔡元培在《对于新教育之意见》一文中指出"五育并存"的教育思想；西南联大秉持培养德智体全面发展，既博学多识，又能服务于国家和社会的人才的目标；等等。真正意义上把博雅教育作为教育理念与教育理论进行研究则是在改革开放之后，而现代意义的博雅教育的研究则首先是从厘清概念开始。另外一些则是关于人文素质教育现状与通识教育的论述，也有一些学者对博雅教育课程设置的理论与实践进行了研究。

1. 概念的厘定

改革开放后，随着西方教育思想的涌入，一些大学也开始了博雅教育的移植与本土化探索。首先就是对博雅教育理念的探讨以及概念的辨析和梳理。例如，沈文钦从历史语义学入手，对西方教育史上的博雅教育（自由教育）这一概念的变迁进行了详尽的梳理。沈文钦认为，现代"博雅教育"或"自由教育"概念源于古希腊术语"Eleutherion epistemon"和古罗马术语"Artes liberales""Liberaliter educatione"的翻译，但在西方历史上，这个术语至少经历过三次重大语义变迁："当英国人在16、17世纪通过翻译创造出'博雅教育'这个概念时，自由人、奴隶的两分法被绅士阶层、非绅士阶层的两分法所取代，liberal 的语义也从'适合于自由人的'转向'适合于绅士的'；到 18 世纪末 19 世纪初，这个概念又增加了一层新的语义，意指'非专业的教育'，博雅教育概念逐渐与新出现的通识教育概念合流；从 19 世纪末开始，博雅教育从针对特定绅士阶层的教育变成了针对全体公民的通识教育，并日益与自由主义的意识形态联结在一起。liberal 的语义也从博雅转向了自由，博雅教育变成了自由教育。"①

对于博雅教育内涵的厘定还包括对自由教育、通识教育、素质教育等相似概念的辨析，余籽滢、曾诚在《论自由教育、博雅教育、通识教育、素质教育的联系与区别》一文中详细论述了几个概念的异同。文章指出，目前学术界关于自由教育、文雅教育、博雅教育、人文教育、通才教育、通识教育、普通教育、一般教育、素质教育等出现较多误用或混用的现象，尤其是自由教育、博雅教育、通识教育、素质教育四者之间的混用现象最为显著。认知层面的歧义理解和误用使得实际的教育研究以及教育实践产生巨大的问题。②

笔者曾在《新时代高校博雅教育：科学内涵、体系建构与时代进路》一文中指出，博雅教育可以追溯至亚里士多德的 liberal education 以及中世纪西欧出现的"七艺"，随后逐步演变为英国、美国的通识教育，其以培养多才多艺、博学和有教养的自由人为宗旨。③

2. 人文素质教育的现状

中国科学院院士杨叔子曾就人文素质教育的缺失撰文《高等教育的五"重"五"轻"》，其中提到"内地的留学生，ABC 很好，XYZ 也很好，也懂得美元、英镑，就是不太了解长城、黄河，也不太了解文天祥、史可法，一点也不知道《史记》《四书》《资治通鉴》。请问这种学生毕业出去以后能

---

① 沈文钦：《从博雅到自由 —— 博雅教育概念的历史语义学分析》，《清华大学教育研究》2013 年第 1 期。

② 余籽滢、曾诚：《论自由教育、博雅教育、通识教育、素质教育的联系与区别》，《长江丛刊》2020 年第 32 期。

③ 李立男：《新时代高校博雅教育：科学内涵、体系建构与时代进路》，《重庆行政》2020 年第 2 期。

不能为中华民族服务"①。这一问题在过度强调高等教育专业化的当今社会表现得尤为明显。很多专业技术要求较强的专业（例如，理工科学生、艺术生等），过分强调专业技能，并且对知识的缺乏、文化的缺失与人文素养的匮乏不以为然。学生的目标是出人头地，最迫切的愿望就是学好专业知识来实现名利双收。这种功利主义的学习观是非常可怕的，如果不进行人文素质的培养与思想品格的教育，那么，中国优秀的传统文化究竟由谁来传承呢？

3. 通识教育的研究

深受施特劳斯学派影响的甘阳、刘小枫无论是在理论上还是在实践上都更倾向于原初意义上的博雅教育（自由教育），但在策略上也顺势采用"通识教育"概念，因此他们通常是在现代性背景下讨论通识教育。甘阳认为，现代性的一个特点是社会变迁速度快，现代社会的分化程度非常高，通识教育应该起到构成、凝聚共同体的作用；刘小枫把通识教育提高到"教育品质"的高度，甚至认为它关系到"人和国家的生活品质命脉"，这种看法是具有一定政治倾向的。②

"通识教育的概念显然来源于现代西方教育。英语本来有两个名称：general education，可译为'普通教育'或'一般教育'；liberal education，可译为'自由教育'或'博雅教育'。现统译为'通识教育'，大致是恰当的，它基本符合原意，并与中国的某种传统教育观念相接近。我们所谓通识教育，是与某种狭隘的专业教育或职业教育相对立。"③从这一分析中，我们不难看出，通识教育与博雅教育并非泾渭分明。北京大学从 2000 年起开始设置通识教育选修课（有时也叫素质教育选修课）。为此，北大教授教学调研组对此进行了考察，并提交报告。报告认为，通识教育意在拓宽本科生的知识基础，融合人文精神与科学精神，目的是为培养高质量人才做好铺垫，就此而言，通识教育、普通教育、博雅教育、自由教育乃至素质教育名异实同。

① 杨叔子：《高等教育的五"重"五"轻"》，https://edu.163.com/editor_2002/021010/021010_84564.html。

② 刘小枫、甘阳：《大学改革与通识教育》，《开放时代》2005 年第 1 期。

③ 张翼星：《北京大学通选课的现状、问题和建议》，《现代大学教育》2011 年第 2 期。

另外，还有些学者从中国当前的社会现状出发来厘定"通识教育"的概念。例如，王德峰认为目前就业导向压力中形成的"通识教育"概念是当代大学理念危机的一个征兆。真正的"通识教育"概念首先与功利主义相对立，"教育作为人类文明的历史性承继和开展的一个基本过程，向来包含精神价值目标的。能否坚守教育的精神价值目标，是一个民族能否保持其文化生命、达到其文化自觉的基本标志"①。因此，大学"通识教育"的真实目标是为培养人格高尚的创造性人才奠定思想和精神基础。这一点也与博雅教育的培养目标相一致。

4. 博雅教育课程设置的研究

黄福涛认为，古希腊的教育建立在奴隶制基础上，带有严格的等级制，"从广义上说，今天人们使用的'自由教育'最初就是指专门面向自由民、只有自由人才能享有的教育"②。在当时，主要内容是指"三科"和"四艺"，其中"三科"为文法学、修辞学、辩证法，"四艺"为算术、几何学、天文学、音乐。

古罗马学者瓦罗在《自由学科 IX》中正式提出"自由科目"概念，并将自由艺术课程分为三大类：① 文法学、修辞学和辩证法；② 算术、几何学、天文学和音乐；③ 医学和建筑学。由此，黄福涛指出："在'自由教育'演变到'通识教育'的漫长过程中，从教育对象来看，它是从局限于特定社会阶层扩大到面向一般市民的大众教育演变过程；从教育目的来看，它是从培养国家统治者和少数社会精英阶层转向培养具有社会责任感的一般公民的过程；从课程内容来看，它是从单纯注重思维训练的'七艺'涵盖到传授广博人文、社会和自然科学知识以及培养多种能力的变化过程；从课程结构来看，它是从作为专业教育的附属逐步上升到本科教育核心地位的过程。"③

杨明全论述了西方博雅课程设置的流变。他认为，"七艺"课程诞生于古希腊和古罗马的社会需求和相对丰厚的文化积淀之中。"智者学派"提了

---

① 王德峰：《从大学理念看通识教育的方向与道路》，《复旦教育论坛》2006 年第 4 期。
② 黄福涛：《从自由教育到通识教育——历史与比较的视角》，《复旦教育论坛》2006 年第 4 期。
③ 同上。

"三艺"，柏拉图提出了"四艺"，二者珠联璧合，共同构筑了西方古典人文主义课程的基础。在古罗马时期，"七艺"课程继续发展，但在中世纪，"七艺"课程被深深地打上了宗教神学烙印。"文艺复兴"之后，西方近代自然科学发展起来，近代自然科学和社会科学的分化逐步形成，传统的"七艺"也随之逐渐退出历史舞台并最终消亡。对于"七艺"的影响，他认为："'七艺'课程推动了欧洲人文主义教育思想的发展；奠定了西方'求真务实'的教育文化基调；奠定了西方博雅教育的传统，有助于人的和谐发展。"①

王德峰认为，通识课程不是大众式的知识普及课程，而是实施英才教育的课程，因此，通识教育核心课程中应当排除纯粹知识性课程以及概论性、通史性课程，转而强调体验性、实践性和讨论性。总之，"各门专业知识的基础其实都是思想，其背后都有精神的境界。把造就了人类知识的精神境界展现出来，是人文教育的主要目标。正因为如此，通识教育的核心课程应以人文学问为主"②。

甘阳同样强调通识课程的人文性及其精英教育特征，但站在凝聚共同体精神这一角度，他提出一个"共同核心课"的设想，包括五门核心课程：① 中国文明史；② 中国人文景点；③ 大学古代汉语；④ 西方人文经典；⑤ 四方文明史。③

三、研究目标与研究方法

研究目标与研究方法是理论与实践研究中不可或缺的，在本书中，笔者的研究目标包括确立博雅教育的培养目标、构建博雅教育的课程体系、探索培养主体性教学模式。研究方法包括理论与实践的统一、逻辑与历史的统一、文献与案例的统一、比较与分析的统一等。

---

① 杨明全：《"七艺"考略：西方古典课程的传统与流变》，《全球教育展望》2015 年第 7 期。
② 王德峰：《从大学理念看通识教育的方向与道路》，《复旦教育论坛》2006 年第 4 期。
③ 甘阳：《大学通识教育的纲与目》，《同济大学学报》（社会科学版）2007 年第 2 期。

（一）研究目标

博雅教育中国化的研究目标就是借鉴西方实施的"完整人格"的博雅教育，为中国现代大学教育的彻底变革提供某些有益的思路与借鉴，力图改变以往只注重知识与技能的产业化教育，从知识教育和专业教育转向对德行、理性、能力和个性的培养，而大学的教育理念、教学内容和教学方式当以增强学生的判断能力、实践能力和塑造创新人格为基本诉求，并努力培养德智体美劳全面发展的人才。

1. 重塑大学的教育观

大学教育改革不仅涉及技术层面，更重要的是思想意识层面，课程设置的重新构建以及教学方式的改革都要受制于教育思想的变化，因此，教育改革应以观念变革为先导。以"完整人格"为培养目标，是大学改革应秉持的理念。而偏重知识与技能学习的现代大学教育，忽视了学生的全面发展；在市场经济条件下，偏重知识与技能的人才培养模式日渐暴露出弊端。在这种教育教学的实践中，重学科知识的学习，轻人文知识底蕴的积累；重课堂知识的传授，轻实践的参与和体验。这样培养出来的学生往往是具备一定的科学知识，却在个人德行和创新品格方面有所缺失。这种人才培养模式降低了人才培养的质量，削弱了我们在世界范围内的竞争力。

现代大学应该是高贵精神的殿堂，大学必须是贯彻大学之道的所在，"大学之道，在明明德，在亲民，在止于至善"（《礼记·大学》）。大学教育首先应该是培智养德的教育，例如，实施博雅教育的代表性大学——洪堡大学，其理念直接受到古希腊生命哲学和完人教养理想的启发，认为大学教育的根本目标在于"塑造'完整的人'，即有教养、有理智、个性和谐、全面发展的人。洪堡教育理念的核心思想是'修养'，或译为'教化'，至今仍是德国大学思想文化的核心概念"[1]。

因此，博雅教育培养的人一定是既具备一定学科专业基础，又能够在大学毕业后以最快的速度适应社会职业需要的、全面发展的人。学生毕业

---

[1] 张叶鸿：《创造性思维教育与洪堡大学理念》，《清华大学教育研究》2020 年第 5 期。

后既能进入劳动力市场，又能主动承担起社会的各种责任；既懂得靠什么来维持生计，又明白为什么而生。在这个意义上，"大学教育是普遍意义上的人生教育，是以培养具有自由精神、善良德行和独立人格的'完整人'为目标的教育"[①]，也是培养德智体美劳全面发展的社会主义建设者和接班人的教育。

2. 构建博雅教育的课程体系

博雅教育实施的重要平台就是大学的课程体系，因此，建构博雅教育中国化的课程体系是大学教学改革的重点之一。长期以来，我国高等教育课程过于注重专业课程设置和专业知识传授，忽视了人文教育，不利于人才培养的多样化。自 1995 年原国家教委召开"高等学校加强文化素质教育试点工作研讨会"以来，各大学开始推行"素质教育课程"，教育者设计了众多不以专业为限的课程，旨在提高大学生的文化素质。但是在实施过程中出现了一系列的问题，例如，科目课时少、原著经典导读课程少以及没有严格的教学和训练要求等。结果这种课程都变成了专业课程之外的"副业"，仅仅以扩大学生的知识面或迎合学生的个人兴趣而存在，既增加了学生的课业负担，又没有达成既定目标，学生的综合能力并没有明显提高。

当今世界是信息化的、开放的，在众多的信息与知识面前，"学会选择"是对学生的要求，而"教会选择"是 21 世纪学校教育的价值诉求。博雅教育要求大学以"教会选择"为导向，尊重和培养学生的兴趣，发挥学生的主动性，优化学生的知识与能力结构，在关注学科专业建设的同时开发一批高质量的、对学生发展有促进作用的涉及人文、社会和自然科学的课程，并最终形成通专结合的博雅课程体系。

3. 探索培养主体性教学模式

博雅教育对教师的教学同样有较高的要求，需要教师兼具深厚的学术修养与刻苦的科研精神。在教学过程中，教师课程的实施模式、内容及考核的方法既不能拘泥于一定的形式，也不能无原则地随心所欲，还需要完善以学生为中心、以教师为主导的教学模式。传统教学多数是以教师为中

---

① 魏善春：《博雅教育视野下对大学教育改革的思考》，《教育探索》2009 年第 9 期。

心的"灌输"式课堂教学模式，是单向度的知识传输，学生仅仅是被分享者。博雅教育中知识的传输是双向的，课堂教学是以学生为中心、以教师为主导的教师与学生之间的互动过程。在教师传授知识的同时，让学生接受知识与了解不同的观点，学习观察问题、思考问题和解决问题的不同方法，并且，能够通过一定的方式表达出来。这种课堂教学强调的是师生之间的互动过程，更多的是以体现学生主体性的讨论方式以及合作方式进行学习；考核则更多地以调研报告、实践操作和学科论文等方式呈现出来；在学生能力培养方面，要求学生具备反思批判的能力，以及分析辩论与解决问题的能力。

（二）研究方法

方法作为"人类认识世界和改造世界的思路、路径、方式和程序"①，直接决定了学科的成熟度。一些被视为真理的理论，可能会随着时代的变化而发生变化。但是，这些思路、路径、方式、程序等在一定程度上比理论更具有永久性的价值。博雅教育中国化的研究方法，必然与研究的内容息息相关，据此，本书主要采用了理论与实践的统一、逻辑与历史的统一、文献与案例的统一、比较与分析的统一等研究方法。

1. 理论与实践的统一

本书的目的是在对理论进行梳理、对以往文献进行研究的基础上，与时俱进地构建具有时代特色和本土特色的博雅教育理论，确定博雅教育的内涵、研究内容、研究方法，并对博雅教育的实践予以指导；并试图对博雅教育实践的指导理论予以提升，不断充实和完善博雅教育的理论内容，做到理论与实践的有机统一。

2. 逻辑与历史的统一

在人文社科的研究过程中，历史研究方法无疑是不容忽视的重要方法之一。本书在梳理文献的同时，注重运用历史研究方法。博雅教育的思想几乎贯穿着整个西方教育发展的历史，因此，必须从历史的角度对博雅教

---

① 陈寿灿：《方法论导论》，大连：东北财经大学出版社，2007 年，第 1 页。

育的渊源、发展以及变革做出系统的、全面的梳理。在此过程中，我们需要了解博雅教育在西方发展的脉络，为博雅教育的中国化提供理论依据。以史为鉴，把这一理论放到特定的历史阶段进行分析，有助于我们了解在新时代的形势下，哪些理论是我们需要借鉴的，哪些理论是糟粕需要予以批判的，哪些理论是需要我们在批判继承的基础上赋予其新的内涵的。

3. 文献与案例的统一

梳理西方的博雅教育传统，文献的搜集整理不可或缺。为了全面、系统、新颖地展现调查与研究的内容，在调查与研究开始前、进行中、后期阶段都需要对相关的文献做全面的研究与梳理。另外，在很多情况下，由于多方面的原因，例如人力、财力和自然条件的限制，无法搜集到第一手资料，这时只能使用"文献研究"的方式对二手资料进行分析。如对于西方博雅教育的历史渊源以及西方博雅教育的现状问题，我们更多的是通过文献资料的分析与整理来再现目标现象。

在博雅教育的研究中，除了需要纯理论性的研究外，还需要经验性的研究，如案例研究。通过对国内外一些个案的多维度的研究，可以清晰地了解受多种因素影响的博雅教育的现状，并为博雅教育的本土化理论研究以及相应概念的确定提供有效的事实支持。案例研究的一个重要特征是整体性，即在过程中关注各个事实之间的关系，从而从整体的角度来思考所研究的对象。案例研究的优势在于可以得到其他研究手段所不能提供的数据、知识等，并以此了解不同变量之间的内在联系。

4. 比较与分析的统一

美国学者尼尔·J.斯梅尔塞曾经指出，如果不进行比较分析，"一切科学思想和所有科学研究，也都是不可思议的"[①]。博雅教育近些年在国内方兴未艾，究竟如何对其进行深入的研究，需要我们对国内外的相关研究进行对比，或者寻找国内外实施博雅教育院校的相同点，或者寻找不同点，进行比较性研究。"在描述性研究的基础上，对经验材料进行'深加工'，

---

① 尼尔·J.斯梅尔塞：《社会科学的比较方法》，王宏周、张平平译，北京：社会科学文献出版社，1992年，第2页。

根据国内外博雅教育实施现状对博雅教育的内涵、渊源、具体实施进行分析与比较研究。"[1]但是，"比较分析的一般目的正像一般科学分析一样，在于就经验性现象的规则和变化，形成符合逻辑的严格因果解释。"[2]因此，需要根据国内外实施博雅教育不同的因果关系开展解释性比较研究，为博雅教育中国化理论的构建与实践研究提供理论与现实支撑。

[1] 刘浩然：《社会科学比较研究方法：发展、类型与争论》，《国外社会科学》2018年第1期。
[2] 尼尔·J.斯梅尔塞：《社会科学的比较方法》，第192页。

第二章　博雅教育的源流与借鉴

博雅教育历史悠久，可以追溯至古希腊时期。古希腊的"自由教育"，与其说是一种教育活动或教育类型，倒不如说是一种理想——培养具有广博知识和优雅素质的人，这种人能够摆脱庸俗，追求高雅。为知识而知识、塑造心智，这也是博雅教育的不懈追求。近代，"博雅教育"这个术语至少经历过三次重大语义变迁，变迁中也体现了教育理念的变化：第一次为培养目标的变迁，即 16、17 世纪的培养目标从"自由人"到"绅士"；第二次是内涵的变化，即在 18 世纪末、19 世纪初，其内涵变为"非专业的教育"，逐渐与"大众化"的通识教育合流，其培养对象的范围逐渐扩大；第三次则是教育对象的变化，到 19 世纪末，博雅教育的教育对象则变成了所有公民，其内涵也与通识教育的内涵没有太大的差异了。而现代意义的博雅教育则始于现代教育的发展，其特征不是教育对象的变化，而是形成了一种重视教育实践的教育理念，这种理念关注课程体系的灵活、学习材料的适合以及教学发展中的以学生为本。

一、西方博雅教育的源流

"西方教育发展史上先后出现过两种不同取向的自由教育：一是源自

古希腊的古典自由教育；二是源自卢梭的现代自由教育。"①学界将西方自由教育思想划分为"古典"与"现代"两支，原因在于它们在基本理念与具体操作上确实存在较大的差异。显然，我们在梳理西方自由教育思想发展脉络时需要明确澄清这一点。从自由教育的时代背景、代表人物、哲学根基、教育目的、教育内容等方面加以论述，旨在通过对西方自由教育思想发展脉络的梳理，展现一幅较为完整的西方自由教育思想的发展图景，进而在"还原历史"的情景中把握自由教育、博雅教育和通识教育的联系与区别。

（一）古希腊时期的古典自由教育思想

亚里士多德最早提出了"自由人的学科"这一命题，并在《论灵魂》一书中认为，自由教育的内涵包含体育、德育和智育三部分。在他看来，人所从事的工作有"自由"和"鄙贱"之分，教育亦如此。因此，古典自由教育是贵族教育，旨在培养精英；古典自由教育内容则是为实现教育自由而发展的人的理性、智慧和审美等教育。教育的目的是"既不立足于实用，也不立足于必需，而是为了自由而高尚的情操"②。而具体的受教育内容，则是智者派创立的文法、修辞、辩证与后来确定下来的算术、天文、几何和音乐，合称西方"七艺"，成为实行博雅教育的"自由学科"，内容兼顾科学与人文知识，而在教育方法上较多采用自由论辩的形式。

（二）中世纪的神学教育

中世纪教育的功能变为为教会培养神职人员和广大信徒，以进一步增强教会的影响力和控制力。在哲学是神学的婢女的趋势下，同样，"七艺"也成为神学的"婢女"，神学凌驾于所有学科之上，课程也只局限于文、法、医、神四科。在中世纪的大学里，学生只有修完文科课程，才能学习其他课程。而文科的课程即"自由七艺"，这种文科传授的就是"自由教育"，

---

① 涂艳国：《试论古典自由教育的含义》，《清华大学教育研究》1999 年第 3 期。
②《亚里士多德全集》(第八卷)，苗力田主编，北京：中国人民大学出版社，1994 年，第 228 页。

其他三科则是通常所说的专业教育，是对某一行业的专门的高深训练。[①]在对专业教育与人文教育进行比较之后，我们明确了人文教育不可替代的重要地位。虽然中世纪大学积淀下来的学术自由、大学自治等制度具有重要意义，但从总体上来看，这一时期的自由教育理念被颠覆了。

（三）文艺复兴时期的古典文科教育

14—16世纪，文艺复兴运动中人文主义哲学逐步孕育、形成和发展起来，批判性和人文性是人文主义哲学的主要特点。[②]这一时期，自由教育思想在教育理念上，强调个性解放与自由、反对宗教束缚；在教育目标上，主张培养身心全面发展的完人，具有开拓、创新精神的资产阶级绅士是这一时期人格培养的重要目标；在教育内容上，自由教育更多体现在人文知识的传授上。

但随着自然科学的逐步发展和广泛应用，文艺复兴时期的自由教育的内涵发生了深刻变化：第一，受教育者认为自由教育是上层阶级的权利，人性价值上升至前所未有的高度；第二，自由教育的内容体现为人文知识重于科学知识，并达到极致。

（四）启蒙运动时期的自然教育

在17、18世纪启蒙运动的思潮中，传统的自由教育思想与卢梭提出的自然教育理论有着天然的契合。卢梭崇尚"内在自然"的自由天性，比起亚里士多德崇尚的理性，丰富了自由教育思想的内涵。卢梭基于"自然主义"的观点认为，自然教育的目的在于培养身心和谐发展、符合自然要求的"自然人"，这里所说的"自然人"是"完全为他自己而生活的"[③]。

在教育内容上，卢梭反对古典科目，降低了宗教科目的地位，强调教育的内容应根据儿童的年龄特征确定：第一，他提出的"自然教育"使得自

---

① 参见涂艳国《试论古典自由教育的含义》，《清华大学教育研究》1999年第3期。
② 冯英：《论文艺复兴时期的人文主义哲学》，《求索》2006年第9期。
③ 卢梭：《爱弥儿：论教育》，李平沤译，北京：人民教育出版社，1985年，第5页。

由教育走进大众；第二，"卢梭的自然教育成为摆脱教会教育和封建专制而培养具有独立人格的'自由人'的教育"①；第三，教育由关注"理性"向关注"自然"转变，知识成为实现人自由发展的工具手段而非终极目的；第四，开始更加注重自然科学知识的传授。显然，这不同于亚里士多德所提出的培养精英的自由教育。

（五）洪堡的教育理念

中世纪时，宗教的全面控制同样波及教育领域。到了文艺复兴时，宗教与世俗势力的权力争夺体现在各个领域，教育也不能幸免，而有人认为教育自由的真正实施始于洪堡②的教育。

"洪堡从大学是纯科学机构这一核心观出发，认为寂寞与自由是大学的基本组织原则"③。寂寞的意义在于教育能够脱离世俗与功利的目的，能够在独立的环境下，从事教育的种种工作。"寂寞原则表现为大学应不为政治、经济和社会利益所左右，应与之保持一定距离。自由原则是大学的支配性原则，分外部自由与内部自由。外部自由是国家应尊重并保护大学的学术自由；内部自由指的是教与学的自由。寂寞与自由之间是辩证的关系，寂寞是自由的条件，自由是寂寞的目的。"④而洪堡所提出的"由科学而达至修养""教学与科研统一"等教育理念对博雅教育的发展产生深远的影响。

（六）工业革命后自由教育思想的分流

19世纪以来，工业革命的胜利与产业结构和社会分工直接关联，在高等教育领域也出现学科分化、课程专门化的状况。针对这种情况，欧美的一些学者提出了通识教育。通识教育是一种全人教育，旨在培养具有独立思考能力、批判思维能力以及对于不同学科的融会贯通能力的完整的人。通识教育的矛头直接指向专业教育。工业革命促进了自然科学的蓬勃发展，

---

① 陈云恺：《自然教育自由教育契合论》，《教育研究与实验》2006年第1期。
② 威廉·冯·洪堡（Wilhelm von Humboldt）是德国19世纪著名教育家。
③ 张甲子、庞守兴：《寂寞与自由：中世纪大学至柏林大学》，《煤炭高等教育》2011年第4期。
④ 同上。

同时也冲击着古典教育传统。这一时期的博雅教育仍然是与特定的绅士阶层相联系的。在此背景下，以纽曼为代表的理性主义教育思想家和以赫胥黎为首的新人文主义①学派，分别继承亚里士多德与卢梭的衣钵，由此开始了博雅教育与通识教育的对垒。

1. 理性主义教育思想家纽曼

可以毫不夸张地说，"博雅知识"是纽曼的博雅教育思想中最为核心的概念②。纽曼在《大学理想》一书中强调，大学的培养目标并非科学和哲学的发现，也并非宗教训练，而是自由教育。纽曼在教学与科研的大学职能之间，将教学视为大学的唯一职能，并强调自由教育的宗旨是"为知识而知识"和促进人的理性发展，并培养道德高尚和知识理性的绅士。而自由教育的内容是以理性作为标准衡量的，既包括人文知识，也包括科学知识，但他更加倾向于通过古典人文知识的传授促进人的理性发展。

2. 新人文主义学派的赫胥黎

与纽曼不同的是，赫胥黎的自由教育观表现出更加豁达的心胸与开放的心态，通识教育由此获得了发展。赫胥黎批判了英国大学固守传统的痼疾，赞扬"德国大学是'献身于科学研究和学术教育的学者'社团。它们并不是为年轻人所设立的寄宿学校，也不是牧师的神学院……它们是真正的'大学'"③，英国大学应该像德国大学一样，坚持教学与科学研究相统一的原则，并认为"真正的自由教育应该是在自然规律方面的智力训练，这种训练不仅包括各种事物以及他们的力量，而且包括了人类以及他们的各个方面，还包括了把感性和意志转化成与那些规律协调一致的真诚热爱的愿望"④。

---

① 传统人文主义与新人文主义在前提假设方面是不同的，传统人文主义强调，人性在于对动物性的超拔；新人文主义对此也毫不避讳，但认为，人性对于动物性的超拔是有限度的。传统人文主义的一个宏大理想是通过文学阅读和艺术鉴赏来滋养和提升人的道德品性；而新人文主义则是通过科学知识和人文知识实现对人的全面塑造。因此，与传统人文主义相比，新人文主义的最大特征在于吸纳自然科学的成果来丰富自身的知识系统。参见甘绍平《新人文主义及其启示》，《哲学研究》2011 年第 6 期。

② 沈文钦：《近代英国博雅教育及其古典渊源——概念史的视角》，博士学位论文，北京大学，2008 年。

③ 赫胥黎：《科学与教育》，单中惠等译，北京：人民教育出版社，1990 年，第 75—76 页。

④ 同上书，第 59 页。

赫胥黎认为，自由教育的实现需要尊重自然规律，包括自然运动规律和人的自然发展规律，而最重要的是实现自由的愿望或自由教育的理念。"按照赫胥黎的意见，通过具有新意的'自由教育'培养出来的人，既具有所需要的知识和技能，又具有热情、活力和诚实的品质以及健康人的强壮身体和很好地行动的真诚愿望。从本质上来说，这种人已经与自然界完全和谐一致。"①

赫胥黎还认为，自由教育的课程"包括有自然科学、道德和政治经济学知识、历史与地理、英语和英国文学、英语写作、世界古今最伟大作家翻译作品的学习，还有绘画、音乐和艺术。赫胥黎建议，将自然科学、文学、历史学和政治经济学作为一切教育课程的基础"②。换言之，赫胥黎的自由教育也注重人文知识以及科学知识的价值，只是更加强调科学知识以及科学教育的作用及意义。

（七）20 世纪以来的自由教育

19 世纪末 20 世纪初，欧洲新教育运动以及美国进步主义教育运动兴起，"人们纷纷从理论和实践层面对自由教育加以改造，对自由教育的理解逐渐呈多元化样态"③，自由教育也在多元"理解"与相互"对话"中获得了更加深刻的内涵。这一时期的自由教育在教育对象上，更为大众化、平民化、平等化，自由教育被提升到人的权利的实现以及民主化进程的高度。而在具体的知识传授过程中，则既重视科学知识的培养，又重视对受教育者心灵的建构；不仅传授具体层面的知识，也包括理解方式层面的知识。因此，教育平等化、知识实用化，并注重心灵建构以及理解能力的提升是这一时期自由教育的显著特征。

例如，赫钦斯认为，自由教育是每一个公民的权利，自由教育在教育对象上获得了"普遍性"特征。赫钦斯提出了"经典名著计划"，但是忽视

① 单中惠：《西方教育思想史》，太原：山西人民出版社，1996 年，第 460 页。
② 施晓光：《西方高等教育思想进程》，哈尔滨：黑龙江人民出版社，2002 年，第 38 页。
③ 李福春：《西方自由教育的传统与赓续》，《大学教育科学》2009 年第 2 期。

科学知识的培养方式不符合潮流，也不符合塑造完整公民形象的要求；杜威则把民主引入教育，认为教育不仅要发挥儿童的天性，更要推动民主化的进程，他还弥合了自由教育与实用教育的天然鸿沟，认为自由教育不是学科意义上的"自由"，而是心灵层面上的"自由"；皮斯特认为，自由教育就是一种反对任何形式的权威的教育，这种权威包括政治上的权威、教师的权威、反对几千年来浓郁的贵族教育气息以及任何压抑儿童自由成长的传统教育倾向；赫斯特认为，自由教育应该建立在对知识进行说明的基础之上，不同于经验且高于经验，求知的过程就是建构理性心灵的过程，这种自由教育是知识本位的，但不是具体层面的知识，而是理解方式层面的知识。

（八）现代博雅教育的理念

乔纳森·贝克（Jonathan Becker）认为："现代的博雅教育是为了培养学生的学习欲望，训练批评性思维、有效交际以及公民义务的能力而建立的高等教育体制。其特色是有一套灵活的课程，允许学生选择，要求学习不仅要有深度还要有广度；交互性的以学生为中心的教学法则要求学生在课堂内外直接使用批评性的读本。"[1] 现代意义上的博雅教育的内涵来源于此，即在教育大众化、普及化的现代社会，博雅教育更加注重实施中的课程体系、学习材料和教学方法。基于此，经过一些国内外名校的实践，形成了现代博雅教育的基本框架。

因此，现代博雅教育是从课程体系、学习材料、教学方法等角度出发，更具操作性与实用性。与理性主义教育思想倡导的精英教育不同，也与新人文主义学派教育思想中推崇张扬个性不同，在教育内容和教育方法上，现代博雅教育有了更为明确的目标，例如，涉及了更为细致的教育课程体系、具体的学习材料，以及贯彻教育理念的教学方法等内容。

因此，现代博雅教育更为完整的内涵应该包括两个方面：教育思想与教学实践。其中，教育思想包括秉承什么样的教育理念、贯穿什么样的教

---

[1] 乔纳森·贝克：《博雅教育的内容》，岳玉庆、赢莉华译，《开放时代》2005 年第 3 期。

育思想等问题，即培养什么样的人的问题；教学实践则包含教学课程体系的设置、教学材料的选择、教学方法的改进等问题，而在互联网以及人工智能等技术日新月异发展的现代，如何有效地利用这些资源与手段是现代教育需要探讨的问题，也是博雅教育现代化不可忽略的问题。

二、博雅教育的借鉴

我国古代儒家提倡的六艺（礼、乐、射、御、书、数），体现了一种使人性臻于完善的教育理想。因此，在博雅教育方面我们有优秀的传统文化可以传承。但是，中国教育的现代化进程，其实也是借鉴和学习西方博雅教育的过程。许多教育概念都是舶来品，博雅教育也不例外。博雅教育的移植始于近代的"西学东渐"。在"西学东渐"的思潮影响下，教育思想也在不断地汲取西方教育的进步因素，蔡元培提出的"五育并存"的教育思想，以及西南联大的教育探索，一定程度上都具有博雅教育的内涵。

（一）中国古代的博雅教育

起源于古希腊的博雅教育，其观念与职业教育、专业教育相对立，其内容主要是承继于中世纪以来的"七艺"。中国古代的教育思想也尤为发达，特别是儒家的教育思想，虽未被冠以博雅教育之名，却是行博雅教育之实，甚至在具体的做法上，更是具有西方博雅教育无法比拟的先进性。例如，孔子提出并在教育教学行为中践行的"有教无类"的思想，就是一种教育平等的思想，这是注重精英教育的西方早期博雅教育所不具备的。因此，我们在借鉴西方博雅教育理念、体制、内容的同时，更应汲取我国传统文化中先进的教育思想，完善博雅教育的本土化研究。

1. 人格培养

"博雅教育的培养目标是具有广博文化知识与优秀人文素养的受教育者，在一定程度上，人文素养的培养更为重要，这与中华传统教育中重德的思想是一致的。而用中华民族创造的一切精神财富来以文化人、以文育人，是优秀的传统，也是现今文化自信的重要内容。传统文化中，儒学理想人格中的修身律己、责任意识、通达智慧等，道学理想人格中的高扬人的个体价值、推崇超越功利倾向的自由人格等，都是博雅教育中人文素养的历史文化渊源。而在传统文化的理想人格成就之道中，儒学拥有的家国情怀、建立不朽的功德言行、怀有敬畏之心等，道学的实现清澈澄明的率真本性，不忘初心、矢志不渝的坚强意志，以及尊重客观规律与主观能动性相结合的实践精神等，对于博雅教育的人格培养都具有借鉴意义。"①

2. 教育内容

"博学之、审问之、慎思之、明辨之、笃行之。"（《礼记·中庸》）"君子博学以文，约之以礼。"（《论语·雍也》）"博学而笃志。"（《论语·子张》）"大哉孔子，博学而无所成名。"（《论语·子罕》）这些都体现了古代先进的教育思想，都具有博雅教育的意蕴。而在具体的教育内容上，"中国儒家思想中的六艺（礼、乐、射、御、书、数），体现了一种使人性臻于完善的教育理想。其实质表现为，博雅教育的目的不是对学生进行职业训练或专业训练，而是通过几种基本知识和技能的传授，培养身心全面发展的理想人格，或者说发展丰富的健康的人性"②。

（二）"五四"时期教育理念

我国古代儒家的教育思想已经具有博雅教育的特征，但是，博雅教育在我国真正实施则源于近代的"中西融会、古今贯通"教育理念的推行。"中西融会、古今贯通"的教育理念是在五四新文化运动前后，由当年清华"国学研究院"主任吴宓先生和著名的四大国学导师梁启超、王国维、陈寅恪、赵元任共同倡导的长远文化教育措施。该措施推动了当时文化的西学东渐的趋势，为汲取西方思想的营养提供了有效的路径。

在西学东渐的时代背景下，近代对博雅教育理念的借鉴较有成效的是

---

① 李立男：《博雅教育中理想人格培养的传统文化路径》，《石家庄学院学报》2018 年第 2 期。
② 邬川雄：《文化移植、传承与创新？——从西方大学的博雅教育传统看台湾通识教育》，《通识教育与跨域研究》1997 年第 5 期。

教育家蔡元培在北京大学的实践。倡导"思想自由，兼容并包"办学理念的蔡元培在《对于新教育之意见》一文中指出"五育并存"的教育思想，认为健全的人格是指以民主、共和为主要精神；在具体的操作层面，健全的人格需要人的生理与心理的协调发展，即知、情、意的统一，通过国民教育、实利主义教育、公民道德教育、美育、世界观教育这五育并举实现对健全人格的培养。蔡元培主张兼容并包的教育理念无疑借鉴了西方博雅教育的相关思想。其中，美育是蔡元培教育思想的重要内容，他提倡民族艺术走进课堂，在北京大学成立了音乐、书法等多个社会团体，其目的就是要"涵养心灵"。

（三）特殊时期西南联大的教育探索

西南联合大学（简称西南联大）是抗日战争时期设立于昆明的一所综合性大学，是由国立北京大学、国立清华大学、私立南开大学联合成立的临时战时大学，历时八年。西南联大在极其艰苦的条件下，为国家培养出大批优秀人才，是中国教育史上的一个奇迹，这与通识教育的实施息息相关。西南联大的通识教育在教育理念、课程设置以及教师通识素质等方面，都具有西方博雅教育的内涵与意蕴。这些也为新时代博雅教育中国化提供了借鉴。

学校的培养目标是培养具有通识知识、德智体全面发展的并能够服务于国家和社会的人才。因此，学校的教育理念应符合通识教育理念，也符合博雅教育的模式，强调学校在引导学生形成自己人生观、价值观和世界观方面的作用。并且，每个学校应拥有自己的人才培养模式与方法，不能千篇一律。在课程设置方面，西南联大注重课程领域的广泛性，涉及自然、社会、人文科学三大领域，认为只有在大学期间打下多门学科知识和技能的基础上，才能适应社会，并在具体领域有所作为。此外，除了遵从和通识教育理念紧密结合的原则外，应在保留原有课程的合理部分的基础上增加课程的内容、丰富课程形式。学校还需要设置多种交叉型的课程体系，鼓励不同学科背景的教师联合开展跨学科的复合课程。而通识教育的发展离不开教师的努力，因此学校需要关注教师素质的提高和教师队伍的发展。

首先，教师要不断提高自身的知识储备，提升自己的教学能力与科研水平。其次，学校应为教师素质的提高提供进修等条件，使教师成为知识广博、人格高尚、学术造诣深厚的教育者。

总之，西南联大关于通识教育理念以及课程设置多样化等问题的探索，对于今天博雅教育的实施仍具有借鉴意义。

（四）当代教育理念的探讨

近年来，在教育日益大众化、科学化、趋新化、急功近利化和专业化的时代，我们更面临着博雅教育的学术精神渐渐流失的局面。从 20 世纪开始学习西方现代教育理念，到如今博雅教育理念被广泛借鉴并予以重视，一些著名的高校先后进行了实践研究。首先是对博雅教育理念的探讨，其次是对概念的辨析和梳理，最后是对博雅教育、通识教育、素质教育进行了概念和核心内容的比较（见下表）。

表 2.2.4-1　博雅教育、通识教育、素质教育之比较[①]

类别	概念	核心内容
博雅教育	亚里士多德在他的《政治学》中曾经提出，博雅教育是专门为人的自由而设立的	博雅教育主要承袭西欧自中世纪以来的以"博雅七艺"为主要课程内容的博雅教育体制
通识教育	也称通才教育，概念由美国的帕卡德（A. S. Packard）教授于 1829 年提出，目标是培养具有高尚情操、高深学问，能够自我激励、自我发展的人才，并且注重理智培养和情感陶冶的教育	核心是强调人的均衡发展，以便为今后工作奠定全方位的基础
素质教育	概念最早出现于 20 世纪 80 年代后期，原始出发点是针对基础教育中盛行的应试教育倾向而言	素质教育是关注人文情感的教育，关心人的完整心态和人格的教育，以及与科学技术密切相关的知识教育与能力教育，而不是仅仅局限于科学技术教育

自由教育理念作为博雅教育、通识教育与素质教育的滥觞，缘起于古

---

① 朱桃杏等：《国内外大学博雅教育特征比较与启示——兼论我国高校博雅教育形势与体制建构》，《石家庄铁道大学学报》（社会科学版）2010 年第 4 期。

希腊时期的亚里士多德，且伴随时代的进步，其内涵也不断延伸。其思想脉络的发展梳理如下：古希腊、古罗马时期（亚里士多德）—文艺复兴时期（人文主义者）—工业革命时期（自然科学家）；博雅教育思想缘起于16世纪末的英国，是将高尚人格的形成与广博知识的掌握相结合的来自古典教育的一种教育方式；"通识教育"一词在19世纪以前一般指中小学教育的总称，第一个把它与大学教育联系在一起的人是美国博德因学院的帕卡德教授，通识教育不仅仅是一种教育理念，还是一种态度、一种学习方式、一种终生的追求，更是现代大学教育的灵魂；素质教育，是指能够提高人的自然素养及社会素养的一种教育模式。

　　从词源角度来说，这三个教育理念其实是一个词，只是根据译者的认知水平和知识背景而翻译不同，"博雅教育""通识教育""素质教育"都是对古希腊、古罗马时期自由教育的不断批判继承，都蕴含着"崇高精神"以及"将人培养成精英之才"的目标。而在地域认同、教育对象、性质取向等方面这三者又有明显的区别。"博雅教育"主要在美国，而东方国家及地区更多盛行"通识教育""素质教育"的提法；而就教育对象而言，"博雅教育"针对的是少数贵族精英，"通识教育"和"素质教育"则扩展到了普通公众；从教育的性质而言，"博雅教育"是一种教育理念，而"通识教育"和"素质教育"更准确地说是一种培养高素质人才的教育模式。

第三章 博雅教育的内涵

从亚里士多德时期的博雅教育到近现代的博雅教育，不同时期教育的范围有所不同。即便今天美国的通识教育，其教育目标也明确指出是培养自由人的教育。

一、自由人技艺

在英文中，freedom 和 liberty 两个单词都是自由的意思。在日常用语中，自由意为没有强制和阻碍。迄今为止，"自由"已经是政治哲学、经济哲学甚至是社会科学领域中最为复杂的概念之一。从内涵的角度进行统计，自由就有两百多种含义。本书所要讨论的自由概念是与教育学相关的纯哲学的意志自由。

对自由概念的讨论主要基于以下的内容：一是分析自由的概念和含义；二是不同时代自由人的范围；三是自由人技艺的历史变迁。其中，第一个层面是根本性的，只有知道什么是自由，才能理解自由人的范围以及如何培养自由人的问题。如果不了解自由的范围以及自由人技艺，那么博雅教育的自由理论就缺乏理论和实践的基础。

（一）自由

自由的内涵有两个方面的区分，即"being free from something"和"being free to do something"。这说明了两个方面的问题，首先，自由必须是你可以不受限制地做出你自己的选择；其次，自由是指你有做出选择的能力。第一种通常指的是消极的自由，而后一种通常是指积极的自由。

阿克顿（Lord Acton）认为："自由的概念播种于古希腊时代，梭伦改革中为了反对骚乱实施分权。"[1] 到了伯里克利时代，"每个人都有权利和手段保护自己的利益，这个原则为雅典宪法所用，这是民族进步的重要一步"[2]。霍布斯（Thomas Hobbes）认为"自由一词就其本义来说，指的是没有阻碍的情况"[3]，自由人是指可以通过其力量和智慧不受阻碍地做他所愿意做的事情的人。[4]

在西方思想史上，洛克（John Locke）的自由观影响较为深远，其自由观是从法律的角度进行界定的，他认为，"处在社会中的人的自由，就是除经人们同意在国家内所建立的立法权以外，不受其他任何立法权的支配；除了立法机构根据对它的约束所制定的法律以外，不受任何意志的统辖或任何法律的约束"[5]。洛克还指出，人们"自然享有一种权利，可以保有他的所有物——他的生命、自由和财产——不受其他人的损害和侵犯，甚至在他认为罪行严重而有此需要时，处侵犯者以死刑"[6]。

洛克的自由是有秩序有限度的自由，而不是卢梭式的无限自由。洛克的"有限自由——强调个人权利"与卢梭的"无限自由——指向集体民主"的差别正好符合康斯坦特（Benjamin Constant）对现代自由与古典自由的分

---

[1] 汪毅霖：《以自由作为发展的理论框架与经验分析》，博士学位论文，东北财经大学，第25页。

[2] 约翰·阿克顿：《自由史论》，胡传胜、陈刚、李滨、胡发贵等译，南京：译林出版社，2001年，第11页。

[3] 霍布斯：《利维坦》，黎思复、黎延弼译，北京：商务印书馆，1985年，第163页。

[4] 同上书，第164页。

[5] 洛克：《政府论》（下篇），叶启芳、瞿菊农译，北京：商务印书馆，1964年，第16页。

[6] 同上书，第53页。

类。康斯坦特认为，"古代人的自由是在有共同祖国的公民中间分享政治权利——这就是他们所谓的自由。而现代人的目标则是享受有保障的私人快乐，他们把对这些私人快乐的制度保障称为自由"①。

约翰·密尔（John Mill）指出："唯一实称其名的自由，乃是按照我们自己的道路去追求我们自己的好处的自由，只要我们不试图剥夺他人的这种自由，不试图阻碍他们取得这种自由的努力。每个人是其自身健康的适当监护者，不论是身体的健康，或者是智力的健康，或者是精神的健康。人类若彼此容忍各照自己所认为好的样子去生活，比强迫每人都照其余的人们所认为好的样子去生活，所获是要较多的。"②从约翰·密尔对自由的定义也可知，自由意味着个人可以选择自己的生活方式，同时获得更理想的福利成就。

在批判地总结古代自由史的基础上，阿克顿提出了自己对自由的定义："我所谓的自由指这样一种信念，每个人在做他认为是他分内事时都将受到保护而不受权力、多数派、习俗和舆论的影响。国家只有在直接与之相关的领域能够合法地分配职责和划清善与恶的界限。超过为其福祉服务的必要界限，它只能促进那些能够成功抵抗诱惑的影响——宗教、财富和分配，来间接地帮助生存斗争。"③

哈耶克（Friedrich Hayek）将"自由的状态"定义为"一些人对另一些人所施加的强制，在社会中被减至最小可能之限度"④。

关于自由内涵的探讨都无法跳出伯林关于自由的划分。伯林认为，自由分为积极自由与消极自由，积极自由是某种事物决定某人能做这种事情而非那种事情；消极自由则是某人在不被限制的情况下去做这种事物而非那种事物。"具体地说，消极自由包括在私域中的选择自由和个人隐私等；

① 邦雅曼·贡斯当：《古代人的自由与现代人的自由》，阎克文、刘满贵译，北京：商务印书馆，1999年，第33页。
② 约翰·密尔：《论自由》，许宝骙译，北京：商务印书馆，1959年，第14页。
③ 约翰·阿克顿：《自由史论》，第5页。
④ 弗里德里希·冯·哈耶克：《自由秩序原理》，邓正来译，北京：生活·读书·新知三联书店，1997年，第3页。

而积极自由代表了在不受限制的情况下个人能够实现其意志的能力，通常表述为个人发展或实现。"①

1. 自由的内涵

基于以上的分析，本书认为自由是在一定客观历史社会条件下，主体生存状态和存在属性的真善美统一的哲学范畴。人都是生存在一定的客观历史条件下的，不同的社会历史时期、不同的社会形态下，自由的内涵是不同的。例如，在奴隶社会，自由是贵族的特权，奴隶是不具有自由的权利的，而现代资本主义国家倡导的自由与社会主义国家所倡导的自由也存在一定的差异性，因此，自由的内涵是有历史性与社会性的。另外，自由的内涵不是绝对的、没有限制的，一定是与一定的义务和责任相联系的，即没有脱离责任和义务的、无拘无束的绝对自由，因此，自由的内涵是具有相对性的。

综上，自由具有一定的历史性、社会性和相对性。自由的历史性是指不同时代的自由的内涵有所不同，作为自由人的教育的博雅教育也必然随着社会发展而发生变化。现代社会的自由人的范围一定大于古希腊、古罗马时代，中世纪与近代的自由人的范围；自由的社会性是指自由基于一定社会形态，并没有脱离社会性质；自由的相对性顾名思义是指自由的限制性，自由必然与责任、义务相对应，即没有不受限制、不承担责任和义务的自由。

2. 自由的价值

人类发展的历史就是同各种限制和束缚做斗争的历史，从远古懵懂的人类同知识的有限性的抗争，到后来人基于社会等级与制度的抗争，到现在人与自身抗争，马克思把人的发展划分为人对人的依赖、人对物的依赖和人的自由自觉发展三个阶段。②伯林认为"自由的根本意义是摆脱枷锁、囚禁与他人奴役的自由。其余的意义都是这个意义的扩展或某种隐喻"③。

---

① 燕继荣：《政治学十五讲》，北京：北京大学出版社，2004 年，第 77 页。

② 马克思、恩格斯：《马克思恩格斯全集》（第 46 卷上），北京：人民出版社，1979 年，第 104 页。

③ 以赛亚·伯林：《自由论》，胡传胜译，南京：译林出版社，2003 年，第 54 页。

哈耶克认为"自由政策的使命是必须将强制或其恶果减少到最低限度，纵使不能将其完全消灭"①。约翰·密尔也认为社会对个人的干涉应该受到自由原则的限制，"任何人的行为，只有涉及他人的那部分才须对社会负责。在仅涉及本人的那部分，他的独立性在权利上则是绝对的。对于本人，对于他自己的身和心，个人乃是最高主权者"②。因此，自由的第一点价值就是摆脱限制。

在古典自由概念看来，缺乏自由是因为你被阻止去做某件事情，从而无法达到某种目的，这种自由不涉及没有能力实现自由的问题。而大多数古典自由研究者包括约翰·密尔在内则认为，自由是促进人的个性与技能发展的手段。因此，自由的另一个价值则与人的发展相关，即人要进步和发展，必然需要自由。约翰·密尔认为，"进步的唯一可靠而永久的源泉还是自由，因为一有自由，有多少个人就可能有多少独立的进步中心"③。在人类尚未到达完善的终点时，应该允许存在不同意见。生活也一样应当具有不同种的试验，性格不同的人在不伤害别人的前提下，应该给予其发展的空间。而不同生活方式也应该给予其实验的权利。因此，在不涉及别人或者社会等利益的事情上，个人应该赋予其自由的权利。在他人的习俗或传统行为的准则具有绝对优势的地方，个人的性格难以发挥其作用，在一定程度上，这样的地方影响着人类幸福的获得、影响着个人进步和社会进步。④

3. 自由的原则

"自由价值的证明基于存在三种不同的方式：基于自然权利、基于功利原则、基于社会契约。"⑤第一种是自然权利的证明，该证明认为人类相互之间或者针对社会与政府可以提出维护正义的直接的需求，人拥有根据以上

---

① 弗里德里希·冯·哈耶克：《自由秩序原理》，第 4 页。

② 约翰·密尔：《论自由》，第 11 页。

③ 同上书，第 83 页。

④ 同上书，第 66 页。

⑤ 汪毅霖：《以自由作为发展的理论框架与经验分析》，博士学位论文，东北财经大学，第 25 页。

需求提出正义要求的权利，并非由于他们是社会道德共同体的成员或者法律秩序下的公民，而仅仅是因为他们的人类本性，即人拥有天赋的自然权利。这一学说的阐释来自洛克，而将其作为自由原则的证明则归功于现代的诺奇克（Robert Nozick）。然而，从自然权利说推导自由原则有无法避免的困难，用以支持自然权利的自然法的形而上学观念与现代的经验主义是水火不容的。

第二种是功利原则的证明。功利原则是对自然权利证明方式的替代和抗衡，这可以以约翰·密尔的证明为例。约翰·密尔的论证使得人类幸福的行为和抉择具有相应的地位，从而建立了自由与幸福之间的联系，而边沁作为功利主义的另一位重要代表对自由完全没有激情。约翰·密尔试图缓解个人主义与集体主义的矛盾，为自由主义思想与古典功利主义寻找平衡点。从而说明，在一些情况下，功利主义可以为非功利主义的道德政治准则进行辩护。但是，"除非假设保护自由和增加普遍福利是永远不会冲突的目的，否则，至上的功利原则有时将会认可对自由施加的限制，而这是古典自由主义者（以及许多其他人）必定认为是不公正的"[1]。

约翰·密尔认为只有在自涉领域之内，即行动不伤害他人利益的情况下，才可能为个人自由提供绝对的保护。"人们不能强迫一个人去做一件事或者不去做一件事，因为这对他比较好，因为这会使他比较愉快，因为这在别人的意见认为是聪明的或者甚至是正当的；这样不能算是正当。"[2]在大部分情况下，限制自由的政策可以防止伤害他人，同时增加普遍的福利，但会强加给不同的社会群体以各种严重不平等和不公正的负担。因此，约翰·密尔的原则需要进一步补充一种与普遍福利的功利主义相对峙的思维公正或公平的原则。显而易见，自由分配的公平原则会与福利的增进产生矛盾。而对自由主义理论而言，保护自由分配公正性的原则是必须的，并且也是无法利用功利主义的术语进行辩护的。因此，约翰·密尔想要调和功利主义对自由的优先性与追求公平分配的努力注定是要失败的。

---

① 约翰·格雷：《自由主义》，曹海军、刘训练译，长春：吉林人民出版社，2005年，第74页。
② 约翰·密尔：《论自由》，第11页。

第三种是契约的证明。从某种程度上来说，约翰·密尔式的方案中存在的缺陷是促使契约主义研究路径复兴的一个核心因素。在罗尔斯（John Rawls，1971）的著作中，契约主义的研究路径以强有力而令人信服的形式出现在世人面前，其理论是摆脱了约翰·密尔的功利主义的道德集体主义，也摒弃了对于福利的关切。在罗尔斯的著作中，对自由主义自由的道德预设和个人主义价值观与布坎南的公共选择理论相得益彰。契约主义学派"既抛弃了有关自然权利的合理普遍性的虚假主张，也放弃了功利主义伦理观的总和要求，而是提出了在个人完全没有他们自己关于良善生活之特殊观念的情况下，什么样的原则将证明是可以接受的这一问题"[①]。约翰·格雷将从"毫不妥协的个人主义伦理学根基上"发展的契约论方法称为"对自由主义的各种基本问题的最优希望的解决方案"[②]。而在阿玛蒂亚·森的理论中，并不存在对自由的价值如何证明的考虑，森更情愿将其交给公共交流和对话。因此，森的自由是从人的能力以及发展的视角出发的。

（二）自由人

自然权利、功利原则以及社会契约关于自由价值的证明利弊共存，毋庸置疑的是，它们都是对自由的无限制与赋予个人以享有自由能力的价值做着或多或少、或深入或全面的探讨。无限制与享有自由的能力无疑是自由的最为本质的内涵，而这种本质的内涵同样也是具有历史性、社会性以及相对性的。那么，在不同的历史时期，享有自由的人究竟是什么样的人呢？博雅教育的教育对象又是什么人呢？在历史上，对于自由人的探讨可以追溯至亚里士多德。

1. 亚里士多德的自由人

亚里士多德曾经指出："人类在本性上，也正是一种政治动物。"[③] "在各种动物中，独有人类具备语言的机能。"[④] 不过不管哪种人的定义都排除了奴

---

① 约翰·格雷：《自由主义》，第 77 页。
② 同上书，第 79 页。
③ 亚里士多德：《政治学》，吴寿彭译，北京：商务艺术馆，1983 年，第 7 页。
④ 同上书，第 8 页。

隶。人和奴隶的区别主要在于身体和灵魂两个方面。就身体而言，奴隶体格健壮；自由人身形俊美，"对劳役便非其所长，而宜于政治生活——政治生活包括战时的军事工作和平时的事业"①。亚里士多德认为"主奴关系应该以善良和卑恶为准则"②。但是，德行问题并不能一劳永逸地解决奴隶的合法性问题，另一个原因是理性问题。亚里士多德认为："奴隶完全不具有思虑的能力。"③虽然奴隶不具有理性，但是需要具备领会理性的能力，否则无法领会主人的理性而导致无法交流，那么就无法尽其职守地为主人服务。

（1）博雅教育的对象是自由人

亚里士多德认为，自由人又可分为两种：一种是缺乏闲暇的自由人，一种是真正的自由人即拥有闲暇的自由人。真正的自由人是"自己的主人"，是不被生计所困、不依赖于别人的人。亚里士多德所认为的"真正的自由人"一方面是高贵和美的，另一方面则指善的，在英语中一般译为"绅士"和"文雅的绅士"。"文雅的绅士"集各种德行于一身，出身高贵、家境富有，而且品德高尚，代表绅士品格极致的是"大度的人"。"而大度的人是对道德品行和政治品性的超越，是哲学生活在实践或政治层面的反映"，"博雅教育就是绅士教育，其对象是真正的自由人"④。由此可见，亚里士多德理念中博雅教育的自由人是有着等级烙印的。

（2）真正的自由人是受过博雅教育的

在亚里士多德看来，真正的自由人（绅士）和奴隶、一般人的区别除了身份和出身外，最重要的是所接受的教育以及所拥有的优秀品质，例如，智慧、大方、正义、节制、审慎、勇敢等。真正的自由人是受过教育的人，教育又是赋予这些优秀品质的有效途径。

自由人为自己而存在，但是必须参与统治，既包括对于奴隶、工匠等比自己地位低的阶级的统治，也包括对同阶级的统治。而真正自由人的内

---

① 亚里士多德：《政治学》，第15页。

② 同上书，第17页。

③ 同上书，第39页。

④ 沈文钦：《近代英国博雅教育及其古典渊源——概念史的视角》，博士学位论文，北京大学，2008年。

部，也存在政治家和哲学家的区别。政治家投身政务，哲学家离群索居；一个是行动的生活，一个是沉思的生活。政治家具有高尚和自由的优秀人品，哲学家的思辨生活则更体现人类的卓越品性。政治家的自由是使自己免于鄙俗、卑贱的工作，哲学家的自由则是非实用的、自为目的的，因而，两者都是真正的自由，但哲学家的自由是更为完满、更为彻底的自由。政治家（绅士）的教育是不加批判地接受智慧，而哲学家则是追求智慧；绅士的教育是青少年教育，哲学家的教育是成人教育。

（3）自由是摆脱生活必需品

基于以上的分析可以得知，自由必定是与政治和哲学相关的，与实用、必需相对的，因而这种自由是高尚的、自足的、出于德行的，目的是为自己、为朋友；同时，这种自由也是非专业性的，如果过于尽力、刻意求精，是有危害的。根据卡恩斯·洛德的猜测：亚里士多德的自由人科学大致包括音乐、诗歌、绘画、哲学等。①

亚里士多德认为，教育应该分为三个部分：体育、情感趣味的形成与理性的教育。教育又分为两种：立足于必需和实用的教育与立足于自由高尚目的的教育，而实用技艺又分为自由人的和非自由人的，其区分标准在于最终结果或行为的目的。而教育的主要手段则有三种：本性、习惯与理性。理性和理智是自然本性的目的，习惯的教育是以理性或者理智为目的。

（4）哲学是自由人闲暇时获得真正快乐的学科

在这里需要指出的是，哲学并非思辨意义的形而上学，而是指文化，包括诗歌、悲剧、音乐等。哲学的优越性在于一个人可以独自进行思考，不依赖于人、完全自足。其中，诗歌、悲剧、音乐等文化活动，不仅仅是一种消遣，也是净化心灵、培养德行、超越时空的教化活动。

亚里士多德关于自由人的论述影响着西方教育思想发展的历史，后来的很多西方著名教育家的思想都受到他的影响。在以亚里士多德为集大成者的古希腊教育思想产生与发展之后，西方社会进入了中世纪，此时宗教

---

① Carnes Lord, *Education and culture in the political thought of Aristotle*, Ithaca and London: Cornell University Press, 1982: 63, 150.

势力掌握着整个欧洲的政治、经济、文化等的权利，这一时期的自由是宗教意义下的自由，或者说与后来的自由状态是背道而驰的。当西方经过了文艺复兴后，关于自由的内涵又有了更为深入与具体的内容。

2. 诺克斯"雅""博"的教育

博雅教育中 liberal 一词与 free 一词的含义是截然不同的，free 一词作为自由解释时，有"随心所欲""自由过度"的意思，负面意义不可避免。而 liberal 一词则不同，它除了有自由的意义外，还具有"慷慨的""优雅的""宽宏大量的""心胸开阔的"等含义。

18 世纪英国教育学家维塞斯莫·诺克斯（Vicesimus Knox）则认为，博雅教育的自由人是 liberal man，而非 free man。两者含义未做区分是牛津、剑桥两所学校最终成为贵族子弟放浪形骸、道德败坏的场所的重要原因。因此，需要从语义学的角度对 liberal 进行界定：liberal 教育是一种"雅"的教育，是与 gentility（上流社会）、elegant（文雅的）、graceful（优美的）、polite（礼貌的）、genteel（出身或外表之雅）、generous（慷慨的）等概念联系在一起的，因此，"雅"的教育是高尚的、优美的；liberal 教育是一种"博"的教育，除了内容的广博之外，更主要的是心灵的宽广、性格的宽宏大量。

同样，诺克斯的博雅教育观念的等级色彩并未完全消失，但是，它不排斥下层人接受博雅教育，这些贫苦阶层的人同样可能成为社会和国家的栋梁，并且，诺克斯尤其重视中等阶层的教育。究其教育的内容而言，诺克斯认为，完整的博雅教育应该是道德教育、理性教育、行为规范教育等的结合，其中，道德和理性教育仍占据重要地位，才艺（绘画、舞蹈、音乐、击剑等）退居其次。诺克斯认为博雅教育的主要内容是以古希腊古典学为基础的知识，其教育目的是培养受教育者良好的品格和辨别能力，从而改善其心智。古典学是宗教与德行的基础，与人的自由权利息息相关，并且与社会公益、社会秩序关联密切。[①]

---

① Vicesimus Knox, *Liberal education: or a practical treatise on the methods of acquiring useful and polite learning*. By the Reverend Vicesimus Knox, Gale ECCO, Print Editions, 2010.

3. 20 世纪 liberal 一词在美国的含义

20 世纪美国的博雅教育虽然沿用 liberal education 一词,但是其内涵与英国 18、19 世纪的博雅教育有着很大的差别。18、19 世纪的美国同样深受洛克、卢梭等人的影响,并将知识、平等、自由等观念融合在一起,对传统的博雅教育进行批判,并且,使知识与绅士品格逐渐脱离,liberal 的语义也从"文雅的""宽宏的"转向了"自由的""解放的",知识成为实现个人自由、促进社会公平与进步的工具。

20 世纪 50 年代,美国兴起了自由教育和通识教育的热潮,其中的代表人物赫钦斯、布坎南等人都是自由民主社会的支持者。从某种意义上讲,美国的 liberal education 主要属于公民教育与政治教育,是服务于共和制的,公民通过教育了解权利和政府组成原则。财产权是美国人民自由的基础,但是除了财产权外,公民的知情权同样重要,公民需要了解自身的权利、政府的运作等,而知情权的获得则有赖于教育,这些也是美国制度的基础。而以古典学为基础的博雅教育则促进了美国人民的政治自由。

(三)自由人技艺与博雅学科

在博雅教育中,将自由和自由人的教育付诸实施的必然途径就是博雅教育课程体系的设置。亚里士多德的自由人科学、西塞罗的自由人技艺、塞涅卡的使人自由的教育,中世纪的"七艺"典律、博雅艺术,近代的文雅教育、纽曼的博雅知识以及美国的心智训练学说等,都是博雅教育课程设置的实践与探索。

1. 亚里士多德的自由人科学

亚里士多德系统阐述了自由人教育,包括理想人格的培养以及自由人学科知识等问题。

第一,自由人科学的概念。托马斯·阿奎那、皮尔·弗杰里奥关于 liberal arts 的概念都可以追溯到亚里士多德(参见《政治学》和《形而上学》)。

第二,自由人的品性。亚里士多德描绘的慷慨、大度等理想人格在 16 至 19 世纪的绅士教育理论中得到延续,例如卡蒂寥内等人(参见《尼各马克伦理学》）。亚里士多德的自由人教育观是基于哲学家视角的，但影响无疑是巨大的，就像黑格尔所说，亚里士多德之后的很多世纪，"他许多世纪以来乃是一切哲学家的老师"[1]。

第三，课程设置的影响。在中世纪，大学的课程等同于亚里士多德的著作全集，17世纪牛津大学的俄巴底亚·沃克说："所有的大学、基督教徒在过去四百多年中都在追随亚里士多德。"[2]

第四，对人文教育的影响。文艺复兴时期，亚里士多德对亚历山大的教育被视为人文主义教育的典范。尽管逻辑学因为与经院哲学的关系而被抛弃，但他的形而上学在哲学课程中的统治地位一直延续到18世纪，他的伦理学、自然科学、逻辑学著作仍然被一些人文主义者奉为教育的基本素材。

第五，对现代博雅教育的影响。在19世纪，博雅教育成为一种自觉化的理论话语，人们在论述博雅教育的同时，开始寻找古典渊源。亨利·纽曼就追溯至亚里士多德时代。到了21世纪，liberal education依然持续不衰，从杜威、波普、罗伯特·赫钦斯、雅克·马里坦和理查德·麦基等的教育学说中，仍然可以追寻到亚里士多德的踪迹。相关内容见表3.1.3-1。

表 3.1.3-1　亚里士多德的影响

自由人科学的概念	托马斯·阿奎那、皮尔·弗杰里奥的 liberal arts 的概念
自由人的品性	卡蒂寥内
课程设置的影响	影响整个中世纪
对人文教育的影响	形而上学、伦理学、自然科学、逻辑学著作仍然被一些人文主义者奉为教育的基本素材
对现代博雅教育的影响	亨利·纽曼、杜威、波普、罗伯特·赫钦斯、雅克·马里坦和理查德·麦基等的教育学说

---

① 黑格尔：《哲学史演讲录》（第二卷），贺麟、王太庆译，北京：商务印书馆，1983年，第269页。

② Obadiah Walker, *Of Education Especially of Young Gentlemen in two parts, the second impression with additions (1673)*, Ann Arbor: EEBO Editions, ProQuest, 2011: 120-121.

2. 西塞罗的自由人技艺

据考证，首次提出自由人技艺概念的是西塞罗。在《论雄辩家》一书中，西塞罗首次使用这个概念。而在他的《为阿其亚辩护》《学院派哲学》《论开题》等著作中，零星可见自由人技艺这一概念。在《论雄辩家》一书中，西塞罗使用了"最符合自由人身份的技艺"①一说。由于西塞罗教育思想的贵族倾向，詹姆斯·梅认为，西塞罗的自由人的教育可以译为"绅士教育"②。

（1）"人文学"与自由人技艺

文艺复兴时期出现频率较高的词汇"人文学"（studia humanitatis）、"适合于人性的技艺"（humanitatis artibus）、"人文"（humanitas）也出现在西塞罗的著作中。humanitas 等同于英语中的 humanity，译为"人文"③。"人文"一词的出现与古罗马将军、迦太基的征服者小西庇亚（前185—前129）有密切的关系。小西庇亚爱好文学，倾心于斯多葛派哲学，以他为中心逐渐形成了爱好文学、哲学和诗歌的圈子，"人文"一词就此诞生④。"人文"一词具有人性、慷慨、礼貌/文雅、文化、文明等意思，"人文"是人在扩展其人性之中最美好的部分时所获取的品质，诸如温和、文雅、仁慈、正直、自制、善于言辞、举止优雅等。⑤总之，自由人是与动物性相对的人，是文明人。

在西塞罗那里人文是古罗马的最高文化理念，而人文学则是实现这一理念的学说和知识。和现代人文学科概念不同，西塞罗的人文学包括所有的"自由人学科"：文法、修辞、辩证法、数学、几何等。在他这里自然科学与人文科学的对立并不存在，所有的知识通过人性连接起来。而对于自

---

① 西塞罗：《论演说家》，王焕生译，北京：中国政法大学出版社，2003年，第9页。

② Jacob Heinrich Kaltschmidt. *A school dictionary of the Latin Language*, 1850, Volume 2. SC: Nabu Press, 2012: 187.

③ 沈文钦：《近代英国博雅教育及其古典渊源——概念史的视角》，博士学位论文，北京大学，2008年。

④ Gabriel R. Ricci, Paul Edward Gottfried, *Humanities & Civil Life*, NJ: Transaction Publishers, 2001: 4.

⑤ George P. Hayes, "Cicero's Humanism Today," *the Classical Review*, New Ser., Vol. 46, No. 1. London: Cambridge University Press（1996），pp. 339-347.

由人技艺与人文学之间的关系，布鲁斯·金博尔认为，两者是等同的。而事实上，两者的内涵是不同的，自由人技艺强调的是自由人的法律身份和社会经济地位；人文学则强调人可以通过"人性的技艺"获取德行、完善品格。[①]对于人性，西塞罗继承了古希腊的人性定义，将人的心灵分为理性和欲望，并认为理性高于欲望。综上，自由人技艺与人文学等概念紧密相连，既有等级观念的印记，同时又有自我训练与自我控制、教育教化等含义。

（2）文化教育观

西塞罗之于西方修辞学和教育史的最大贡献在于，他综合了书面教育和口头教育的传统，提倡教育与书写的结合，从而开创了西方世界尊重正规语言文学的传统。从西塞罗的时代开始，受教育意味着"博览群书"。西塞罗的自由人技艺的分类原则与现代不同，它仅仅是指适合于自由人或绅士的技艺，包括文法、修辞、数学、天文学、自然哲学、伦理学、政治学、历史学等，这是一个百科全书式的课程方案。古罗马人认为宇宙是一个和谐的、不可分割的整体，人是这个整体的一个组成部分，人类的理性知识也是同理，具有不可分割性。

（3）西塞罗的雄辩与智慧

西塞罗主张雄辩与智慧的结合，缓和了雄辩术与辩证法之间的矛盾，从而为"七艺"典律的形成做了铺垫。雄辩与智慧相结合的观点对后世的人文主义者影响深远，例如，昆体良、莱米吉乌斯、布鲁尼、维柯、亨利·纽曼、威廉·休厄尔等。在西塞罗之后，雄辩与智慧的结合，或言辞与理性的结合，成为教育学经久不衰的话题。几乎所有的经典教育理论家都主张言辞与理性密不可分，完整的教育必须是两者的结合。但是，哪些学科培植理性，是辩证法还是几何学？言辞与理性的轻重问题等仍具争议。

"在文艺复兴时期和十八世纪的英国，西塞罗在教育领域的影响几乎无人能及。在很多意大利人文主义者的心目中，西塞罗是最伟大的文化英雄；在致力于复兴雄辩术的人文主义者眼中，西塞罗的演讲词是最高的典范之

---

① Gabriel R. Ricci, Paul Edward Gottfried, *Humanities & Civil Life*, 2001: 3.

作；在公民人文主义倡导者看来，西塞罗是共和主义自由观的卓越代言人。滥觞于意大利最终在英国发扬光大的廷臣－绅士教育学说也在很大程度上受惠于西塞罗。"[1]

3. 塞涅卡的使人自由的教育

作为尼禄的老师，塞涅卡出身骑士阶层，接受了非常全面的文化教育。塞涅卡的自由人教育的思想在教育史上具有重要的意义。

（1）塞涅卡关于自由人学科的论述

塞涅卡在写给友人鲁西里乌斯的著名的第 88 封书信中论述道："自由人学科之所以被称为是自由的，是因为它们被认为是值得自由人学习的。不过，事实上，唯有一门自由学科是名副其实的自由学科，因为它使人自由——这门学科就是对智慧的追求。对智慧的追求是高尚的理想，它坚定无畏，精义入神，所有其他的学问和它相比都平庸不堪、微不足道。"[2] 这封书信关于自由学科的定义遵循了以往的传统，即符合自由人身份的学科。另外，对于知识和技艺的分类，则引用了哲学家西多纽斯的分类：粗鄙和奴性的技艺（其局限性是不具备道德的价值），娱乐的技艺（其局限性是不了解产生愉悦的原因），儿童的技艺（其局限性是不能让人们直接通往德行），自由的技艺（关涉德行的技艺）。其中，"自由"的技艺地位最高，它的实质是哲学本身。

（2）"自由人技艺"和"通育"

金博尔认为，"自由人技艺"和"通育"并不对等，前者强调教育与身份之间的联系，后者强调"通"与"博"。但是，塞涅卡认为，两者的含义是相通的。拉丁文的"自由人技艺"可以追溯至希腊文的"通育"。昆体良的《雄辩术原理》同时使用了这两个概念，他用"通科"代替"通育"，即通识性的常规课程（除哲学和修辞学外）。古罗马没有哲学和修辞学的自由人教育，塞涅卡把其归类为儿童的技艺。

---

① 转引自沈文钦《近代英国博雅教育及其古典渊源——概念史的视角》，博士学位论文，北京大学，2008 年。

② Lucius Annaeus Seneca, *Letter from a Stoic*. Harmondsworth: Penguin, 1969: 151.

塞涅卡认为，自由人普通学科包括文法、几何、天文、音乐和医学，这些学科适用于心智尚未成熟的青少年，但是高于"鄙俗"的技艺，而绘画、雕塑因其奢侈性被排除在外。塞涅卡并未完全否定自由人通科的价值，认为这些学科虽然与培养美德无关，但是锻炼心智，从而为美德的获取奠定基础。

（3）真正"自由"的教育

塞涅卡认为，追求美德才是真正自由的教育。而塞涅卡所指的美德包括勇敢、忠诚、节制、仁慈、从容、超脱、谦虚、节约等。这些美德不可能通过以上所说的自由人通科的学习获得，需依靠智慧。塞涅卡认为智慧不是从书本中获得的，智慧是一种分辨是非的能力。而拥有了智慧，就能够成为自由的人（善于控制自己的情绪，做自己的主人）。能够获取以上美德的知识才是真正的智慧，是真正自由的技艺。对塞涅卡来说，真正自由的技艺是哲学，特别是道德哲学。在塞涅卡看来，哲学的根本目的是道德的提升，而不是单纯对于知识的追求。因为，知识的追求不能带来智慧，智慧需要自身的修炼、自我提高。哲学在古罗马时代类似于宗教，是一种生活的艺术与智慧。但是，塞涅卡并不排除自然哲学，而自然哲学和自然科学研究者的不同在于，一个追寻规律与本质，一个求证事物的存在与发展的状态。

塞涅卡与亚里士多德对待奴隶的态度不同，塞涅卡承认奴隶的人的地位，但是，这种追求精神自由的哲学智慧，并不是奴隶能够实际得到的。

（4）塞涅卡的影响

塞涅卡对于"自由人技艺"予以明确的定义与解释；其"真正自由技艺"为后世理想人格——自由人和绅士——的定义奠定了基础，影响了17世纪的理想"绅士"的形象；明确将自由人教育与人的内在自由联系在一起；并明确提出哲学才是唯一真正"自由"的技艺。塞涅卡继承了苏格拉底"未经省思的生活无任何意义"的传统，从而使以往的教育由"政治自由"转向了"精神自由"。

4. 中世纪的"七艺"典律

七艺——文法、修辞、逻辑、算术、几何、天文和声学在古希腊时代就已经存在。"七艺"典律的形成经过了一个漫长的过程。柏拉图、智者学派从学科内容的奠定、教育理念的形成等方面对"七艺"典律的形成产生了影响。奥古斯丁、卡西奥多鲁斯等人使得自由人技艺基督教化，从而形成了作为典律的"七艺"，在漫长的中世纪，"七艺"典律就是自由技艺。这种局面到中世纪晚期才被打破。在具体的设置上，奥古斯丁则打破以往传统，神学取代了哲学的地位，而哲学也成为一门自由技艺，这里的神学与自由技艺是相对的，自由技艺是世俗的。奥古斯丁把自由技艺比喻为神学的梯子，引导人通向更高的哲学。

（1）奥古斯丁的自由技艺基督教化

奥古斯丁最明显的特点就是利用自由技艺宣扬基督教义。当然，他并不是把之前的自由技艺照抄照搬，而是对其中的修辞学等技艺提出了质疑。他认为修辞学过分重视形式上的规律，而忽略了思想性。他的思想是有倾向的，是服务于基督教的。他对于思想性的重视以及对于修辞学的质疑与塞涅卡异曲同工，这一点是需要予以重视的。因此，他修改了自由人技艺的名称，来体现他把这些科目作为服务于宗教的工具的目的。他认为修辞、文法等使人更为精确地理解教义，而数学则帮助人们抽离感性的物质世界，进入神学的思辨。因此可以说，奥古斯丁把自由技艺基督教化了，即把自由技艺从属于神学知识，从而完成服务上帝的目的，原本的美德与哲学等内容完全被基督教所取代，在此基础上，有了后来的神圣知识与世俗知识的区分。

（2）自由由外在状态向内在状态的转移

自由这一概念到沙里斯伯里的约翰这里有了很大的转折，他认为，自由是精神层面的意志自由，是指人远离物质诱惑后能够享受闲暇并将闲暇用于追求智慧的自由。比起自由，哲学是更为高层的目标。[①]中世纪知识是服务于宗教的，因此，约翰认为，知识的标准是为了灵魂的拯救，是精神性的，远离人的肉体的技艺才是技艺（知识）的最高等级。

5. 博雅艺术

作为适合于绅士的技艺，博雅艺术不仅仅局限于"七艺"的范畴，对此，

---

① John of Salisbury, *The metalogicon of John of Salisbury: A twelfth-century defense of the verbal and logical arts of the trivium*, Connecticut: Martino Fine Books, 1962: 75.

北京大学博士沈文钦把技艺做了简单的划分：与脑力相关的属于博雅艺术，与体力相关的属于体力技艺。在18世纪，博雅艺术和博雅科学强调的是受教育者言行与伦理的自我发展而非科学与技艺（见图3.1.3-1）。[①]绘画、雕塑、建筑等美术学科地位提高，被确认是博雅艺术的范畴。而医学、自然哲学、政治学都被划入博雅科学。

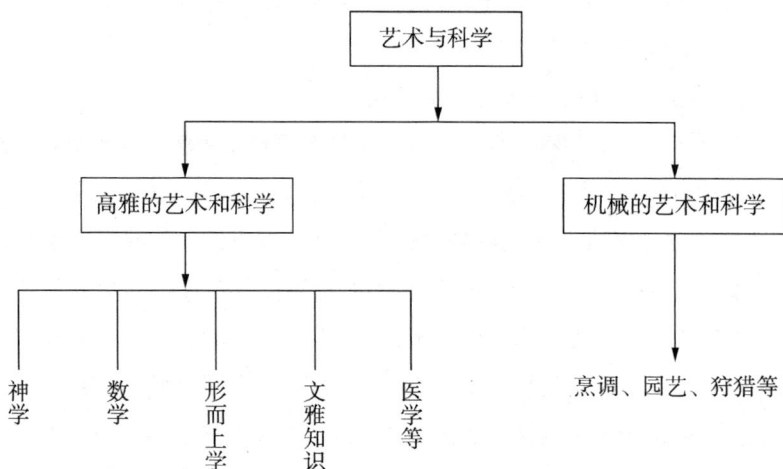

图3.1.3-1　18世纪知识分类体系

　　需要强调的是，18世纪文雅知识或文雅教育（两者几乎是同义词）占据了重要地位。从上图中，我们可以得知，文雅知识属于高雅的艺术和科学，事实上，文雅知识的地位远非如此，因此，18世纪的绅士教育的目标不仅仅是传授知识，更为重要的是培养彬彬有礼、举止文雅的绅士。可以说，绅士教育也是一种礼仪教育。

6. 近代的文雅教育

　　虽然"文雅"一词可以追溯到古希腊、古罗马时期，但是近代的文雅教育与古典传统有着明显的不同。古罗马宫廷的行为并不是都符合文雅的。另外，18世纪对待女性的态度则显得更为文明和进步，女性的地位除了体

[①] 沈文钦：《近代英国博雅教育及其古典渊源——概念史的视角》，博士学位论文，北京大学，2008年。

现在家庭之中外，其在沙龙中也是重要角色。而作为古代自由人技艺的重要科目，修辞学在18世纪有了根本的不同：苏格兰强调的是纯美文学范式，注重听众之间的情感交流，并极力回避政治话题；古罗马的雄辩术则指向公共事务的领域。

7. 纽曼的博雅知识

"博雅知识"并非纽曼的发明，却是纽曼博雅教育思想最为核心的概念。在纽曼的时代，博雅教育仍然未能摆脱等级的烙印。纽曼所生活的时代有三个等级：上层阶级，指贵族、绅士、神职人员；中层阶级，指商人、制造业主；下层阶级，指工人、农民等。而博雅教育是上层阶级的教育，并非现代意义的高等教育。高额的费用使得财富成为博雅教育的另外一个前提。

就其内容而言，博雅教育是全面的、通识性的非专业教育，liberal 主要具有"博"的含义，即 large knowledge。在 19 世纪，博雅教育等同于通识教育，但是，对于通识教育所要包括的教育科目则是仁者见仁智者见智。在英国，古典学是博学的标准，后来又加入了数学。这一点与同时代的美国不同，美国当时的博雅教育除了古典学之外，还需要广泛地学习各门学科。

纽曼博雅教育的另一个重要特点是对博雅知识的非功利性的论证，纽曼从哲学的、人性的途径对博雅知识进行论证，指出求知是人的本性，是幸福生活不可或缺的部分。因此，博雅教育不是实用的工具，其目的是自我满足的、自我需要的、非功利性的。这一点承袭了亚里士多德以来博雅技艺与实用技艺对立的传统，但是，纽曼并未强调这种对立。另外，纽曼认为，博雅知识是哲学的知识，即哲理性的知识。这种哲理性的知识究竟是不是哲学呢？后来者的研究有两个观点：有人认为，它是与亚里士多德所说的"形而上学"是一致的；更有学者认为，它是指特定的课程，如逻辑学和形而上学。还有一种观点则认为，哲理性知识是指对万事万物的一种统摄性的、百科全书式的认识。我们是不是可以理解为：哲理性的知识指的是广义的哲学，当然也包括神学，而这种哲理性的知识为其赋予了自由性的品质，从无知的状态中解放出来。

纽曼认为，博雅知识是善的知识。但是，纽曼又提出了这种善的知识的局限性，因为信念等是无法从博雅知识中真正获得的。从具体的学科上看，博雅知识包括古典学、数学、地理学、逻辑学、年代学等，尤以古典学和数学为重。

8. 美国的心智训练学说

赫钦斯等人认为，自由教育的任务不是传统的绅士教育的性格塑造，而是训练人的心智，提高人的理解力和判断力；教育的最主要的目标是让人获得精神的自由，通过知识、智慧、进取心和爱而获得解放；在具体实施上，提倡重塑中世纪的"七艺"。

这样就打破了古典学和数学的垄断地位，使得各学科的地位趋向平等，而学科设置和选择的最终目的都是围绕着心智的训练。这种心智教育去除了传统绅士教育的等级内涵，强调的是知识的宽度、思维的训练以及批判的能力等。

托马斯·希尔提出了"博雅文化"这一概念，他认为博雅教育应该建立一种百科全书式的文化，即博雅教育基于博雅文化，这种文化包括了对真善美的追求。而作为教育机构，学院和大学应该为受教育者提供"博雅文化"。至此，博雅教育的阶级内涵已经荡然无存，与我们现在所提出的通识教育并无太大的区别。

到了20世纪，自然科学获得了"自由学科"名正言顺的地位。从20世纪30年代起，很多美国的文理学院将全部知识划分为四大领域：人文科学、社会科学、生物科学、自然科学，并以此设计通科教育的课程。2000年卡内基教学促进会对高等教育进行分类，属于liberal arts field的专业包括：英国语言与文学、外国语言与文学、生物科学/生命科学、数学、哲学与宗教、物理科学、心理学、社会科学与历史、视觉艺术与表演艺术、区域/种族与文化、文理综合课程专业、跨学科学习专业等。[①]

而杜威和怀海特等人主张消除自由学科与实用学科之间的区别。怀海特认为，柏拉图的自由教育思想完全忽视了技术教育是理想人格完美发展的一个组

---

① 沈文钦：《近代英国博雅教育及其古典渊源——概念史的视角》，博士学位论文，北京大学，2008年。

成部分。职业教育与通识教育之间的藩篱被打破，两者再也不是泾渭分明了。

博雅教育至此已经完全没有了传统意义上的阶级观念与价值目标，博雅教育与通识教育的共同点被保存下来，即非专业性的"博""通"的知识背景。在某种意义上说，两者已经是一个概念了。

二、博雅教育理想人格的探讨

博雅教育的内容体现在"受教育者知识的广博、思维的健全、情感的丰富、人格的成熟（成熟的心智则需要能够进行自我认知以及被社会认知）、求实奋进以及对于人类前途命运的责任感"[①]。想要实现这种教育宗旨，必须牢牢扎根在深厚文化土壤之中，而具有文化教育传统的中华优秀传统文化是其有力支撑。

（一）中华优秀传统文化的理想人格

习近平总书记指出："在5 000多年文明发展中孕育的中华优秀传统文化，在党和人民伟大斗争中孕育的革命文化和社会主义先进文化，积淀着中华民族最深层的精神追求，代表着中华民族独特的精神标识。"[②]其中，中华民族优秀传统文化具有丰富的理论资源，也具有极为成功的教育实践，可以给予博雅教育不可或缺的滋养、给予受教育者坚定的文化自信。大学教育必须与中华民族优秀传统文化相联结，使大学生了解民族的历史、增强作为中华民族之传人的自豪感。而博雅教育中人文素质的培养与中华优秀传统文化中的理想人格塑造异曲同工。

1. 传统文化中的理想人格的内涵及启示

在儒家的理想人格中，道德要求（即善）被放在重要位置。而在道家

---

① 张亚月：《从博雅教育维度审视大学德育：目标、方法及途径》，《湘潭大学学报》（哲学社会科学版）2014年第6期。

② 习近平：《在庆祝中国共产党成立95周年大会上的讲话》，《人民日报》2016年7月2日第2版。

学说中对于理想人格的设定则超越了善，更具有真善美结合的自由主体的意蕴。可以说，中国的儒家与道家学说在理想人格的追寻上，是以真善美为目标的，是与博雅教育的人的全面发展目标相一致的。

（1）儒学的理想人格

儒学注重知识分子的修身、修德，因此，儒家哲学是伦常本位的哲学，是重德的，而德又是理想人格的诉求，在修身、修德的基础上，完成齐家、治国、平天下的理想抱负。儒学认为，理想人格的内容是：仁（德）、志（勇）、知（文），即修德、尚志、求知。在儒学的理想人格的表现中，"仁者"与"圣人"是最具代表性的。

所谓"仁者"，是指对己要"克己复礼以为仁"（《论语·颜渊》），对人要"己所不欲勿施于人"（《论语·卫灵公》）。要按照礼的要求约束自己，即修身；对他人要以己推人，即修德。孟子认为，君子"亲亲而仁民，仁民而爱物"（《孟子·尽心上》），以仁待民，即仁政。"仁者"还指具有责任意识的人。"乐民之乐者，民亦乐其乐；忧民之忧者，民亦忧其忧。乐以天下，忧以天下"（《孟子·梁惠王下》），以天下为己任，有"天下兴亡，匹夫有责"的责任与担当。荀子认为，"殷之日，安以静兵息民，慈爱百姓"（《荀子·王制》），是儒学仁政思想的发展。

所谓"勇者"，是指不妥协、不媚俗的独立人格，要有志，更要勇敢担当。"三军可以夺帅也，匹夫不可夺志也"（《论语·子罕》），"富贵不能淫，贫贱不能移，威武不能屈"（《孟子·滕文公下》），在尊严与生命的选择中，宁可选择前者。因此，今天我们的"勇者不惧"，更应该以不妥协、不媚俗的独立人格坚定理想信念，勇敢无惧。

所谓"智者"，是指具有明辨是非能力的人。能达到无死地、无困厄的境地，以及具备处事圆融变通的能力与智慧。要成为智者，首先要学习专业知识。孔子认为智者必备一些技能，例如，"知""不欲""勇""艺""礼乐"等，其中，以"知"为首。而荀子更加强调"诵数以贯之，思索以通之"（《荀子·劝学》）的智慧，注重对知识举一反三、融会贯通的能力。

"圣人"是儒学的最高理想人格，可分为"清者""和者""时者"。其中，"时"是"清""和"二者的综合。

所谓"清者"，即名节高洁的人。所谓"圣人，人伦之至也"（《孟子·离娄上》），"圣也者，尽伦者也"（《荀子·解蔽》），都是在说圣人是道德的楷模。所谓"和者"，即指了解世界发展规律的人。孔颖达《周易正义》中指出："圣人法自然之理而作《易》，象《易》以制器而利天下。"[1]圣人作《易》，是了解事物发展的规律。又说："圣人随变而应，屈曲委细，成就万物。"[2]圣人用《易》，是因为能随顺自然变化规律。

所谓"时者"，是指识时务、善择时的人，是以上二者的综合，因此，时者要做到名声高洁、与时俱进。孔子谓"博施于民而能济众"，"博施"是仁，"济众"靠智[3]；孟子认为，"时者"应能博古通今并服务众人；荀子认为，"时者"不仅是"清者""和者"二者的综合，更是具有高尚品行、通晓事物规律的道德人、智慧人，是天人合一思想在理想人格方面的体现。

（2）道学的理想人格

道学的理想人格与儒学的理想人格有很大不同。道家学说高扬人的个体价值，从某种程度上弥补了儒家重群体价值而忽略个体价值的缺陷，儒道哲学一隐一显，共同铸就了中华民族刚健柔韧、深沉内敛的基本文化品格。[4]这对实现"独立之精神，自由之思想"的大学精神具有借鉴意义。

① 超越功利倾向的人格

道德至上是儒家哲学的基本特点，儒学的理想人格实际上也是一种道德人格。但道学的理想人格则表现出了在批判道德的虚伪性与功利性基础上的明显超越倾向。相对于道德，道家学说弘扬人性的纯朴、本真。庄子云："德无不容，仁也；道无不理，义也；义明而物亲，忠也；中纯实而反乎情，乐也；信行容体而顺乎文，礼也。礼乐遍行，则天下乱矣。"（《庄子·缮性》）即社会祸乱和人心困惑的根源为仁义道德，因此，老子提出"绝仁弃义"（《道德经·第十九章》），主张复归人类自然的道德状况，

---

[1] 孔颖达：《周易正义》，《续修四库全书》（第一册），上海：上海古籍出版社，1995年，第 266 页。

[2] 孔颖达：《周易正义》，第 254 页。

[3] 参见张岱年《中国伦理思想研究》，上海：上海人民出版社，1989年，第 221 页。

[4] 参见邵汉明《儒道人生哲学》，长春：吉林教育出版社，1992年，第 185—187 页。

庄子认为只有这样才能人心安宁，天下安定。虽然，道家学说对于道德的批判具有矫枉过正的倾向，但是，在摒弃道德虚伪性，提倡人性清澈澄明这一点上，是具有进步意义的。

而道学所"非"之道德，是世俗有形的道德规范律令而非道德本身。老子说："上德不德，是以有德；下德不失德，是以无德。上德无为而无以为，下德为之而有以为。"（《道德经·第三十八章》）老子否定的是"下德"，崇尚的是"无德"之"上德"。庄子亦言"故德有所长而形有所忘"（《庄子·德充符》）。他认为真正的有德之人是"德不为"者。道学的道德追求是超越了形式、规制的本性的道德，更多地剔除了儒学中的功利色彩，我们不是刻意地、功利地追求理想信仰，而是内化于心，成为行动指南。

② 注重个体价值的人格

与着眼伦理本位、关心现实社会、注重人际关系的儒家哲学不同，在道家哲学中，人的自我是绝对的、至上的。人的自我价值的实现可以是完全自我的事情，而不一定非得通过群体关系才能体现出来。例如，老子倡导老死不相往来的"小国寡民"的生活状态。从中可见道学的理想人格是独善其身、非重人伦的。

但是，道家虽注重个体价值的绝对完美体现，并不能说明老庄都是标准的个人主义者，正如邵汉明先生所概括的："他们实质上是重个体却不否认社会，重自我发展却不排斥别人的发展。在人际关系的超越中，在人性的自我复归中，在天道人道的合一行程中，体现个体人格的至上价值。"①这是独善其身却立足现世的人性的自我复归。不管入世时的责任意识，还是出世时的淡泊名利，都是积极可取的。

③ 自由人格

儒学的理想人格也是追求自由的，但是，这种自由是道德世界的自由人格。例如，孔子曾提出"从心所欲不逾矩"境界，这种境界是各种礼仪规范与人合而为一，此时的人是仁、义、礼、智的化身，在这一境界里，自由标尺是道德。

---

① 参见邵汉明《儒道人生哲学》，第185—187页。

　　道家对理想人格的追求不同于儒家，道家追求的是自然世界的自由人格。道家崇尚的是"逍遥""天放"的自由生活。老子说："人法地，地法天，天法道，道法自然。"（《道德经·第二十五章》）可以看出，只有自然的才是人性的，任何的礼仪制度规范都是人为的，是对人性的摧残，是人自由的丧失。所以，道家学说主张"因性而动""顺性而动""与天为徒"，这样就会达到"物我同一""人我同一"的人生境界。庄子指出，"平易恬淡""纯粹而不杂，静一而不变，惔而无为，动而以天行"（《庄子·刻意》），并以此修身养性。因此，道家以超凡脱俗的心态，实现着恬淡无欲、无知无识的天性。

　　因此，道学的理想人格在超越功利、重视个体价值等方面，克服了儒学的理想人格的不足，塑造了天人合一、真善美统一的自由主体，所以，我们应该摒弃传统文化中理想人格的历史性和阶级局限性，以传统理想人格的实现为基础，为博雅教育中理想人格的培养提出更为丰富合理的内涵。

　　2. 传统文化中的理想人格对博雅教育的启示

　　博雅教育人格素养的培养，必须要扎根于人类文明传统，借助于最悠久深远和最现代开明的文化资源。传统文化资源是历时性的价值，而社会价值观则是共时性的价值。博雅教育应涵盖这两个向度，才能培养出合格公民，完成博雅教育的目标。

　　（1）儒学的理想人格的成就之路

　　儒家与道家都提倡内圣外王的修身之道。儒家在具体的做法上表现为"修身、齐家、治国、平天下""立德、立言、立功""三不朽""畏天命，畏大人，畏圣人之言"，这对于博雅教育理想人格的培养启示如下：

　　①"修身、齐家、治国、平天下"的启示

　　无论怎样的政治体制，始终要落实到个人的，所以，在治理国家的过程中，个人的素质直接影响治国安邦，是国泰民安的基础。反之，修身而后齐家，然后治国平天下，这是儒家知识分子最具特色的家国情怀。正是这种家国情怀赋予了中国人爱国主义精神，赋予知识分子积极入世的情怀追求。这就要求在博雅教育中，受教育者应具有求实奋进精神以及对于人类前途命运的责任感，这种具有集体主义倾向的文化是纠正目前教育问题的良药。例如，在一些校园恶性事件中，究其根本，是受个人主义、享乐主义、自由主义思潮泛滥的影响，这些思潮使得这些受教育者格局狭隘，而培养家国情怀才是行之有效的解决之道。

②"立德、立言、立功""三不朽"的启示

儒家认为，"立德、立言、立功""三不朽"是成就理想人格之路。"立"是创造、贡献，"不朽"就是有永恒的价值和意义。具体地说，就是《大学》中提到的格物—致知—意诚—心正—身修—家齐—国治—天下平，究其根本，要落实到做学问、做人、做事上，做学问需要读书，做人需要修身，做事需要有所作为。传统文化中，读书、修身、立德，是安身立命之本，也是从事政治之基。① 因此，三者是相辅相成的，立德而后立言、立功。立德、立言、立功则需要通过思考、学习和实践来完成，这三者又是相互联系的，即知与行应该是合一的，知是基础，行是关键。② 而博雅教育的实施路径之一也是要做到知行合一，即学习与实践相结合。另外，博雅教育的教育目标就是人格的完善以及人的全面发展，即知识的广博、思维的健全、情感的丰富、人格的成熟、求实奋进与对于人类前途命运的责任感等，而最终是要培养能够立德、立言、立功的优秀人才。

③"畏天命，畏大人，畏圣人之言"之"三畏"的启示

孔子曰："君子有三畏：畏天命，畏大人，畏圣人之言。小人不知天命而不畏也，狎大人，侮圣人之言。"（《论语·季氏》）这里的"畏"包含着尊敬与畏惧之意，其中，"畏"是在敬的基础上的极端形态。③ 畏为敬畏，畏天命、畏大人、畏圣人言都具有道德、伦理的诉求，而天命又蕴含着自然及宇宙的规律。博雅教育的实施也需要敬畏之心，一要尊重知识、尊重人才、尊师重教；二要了解并敬畏规则、规范、法律；三要虔诚对待自己所要学习的专业知识以及人文知识等。

综上所述，拥有家国情怀、建立不朽的功德言行以及怀有敬畏之心是

---

① 人民日报评论部：《习近平用典》，北京：人民日报出版社，2015年，第61页。

② 同上书，第147—148页。

③ 李泽厚：《论语今读》，合肥：安徽文艺出版社，1998年，第392页 。

从儒家理想人格汲取的精华。家国情怀是儒家理想人格中的人生品格，不朽的功德言行则是人格理想，敬畏之心则是虚怀若谷、谦逊虔诚的人格修养，这些人格的塑造在今天仍然具有现实意义。

（2）道学的理想人格塑造的启示

中华优秀传统文化中理想人格的实现途径基本上都是遵循着"内圣外王"的原则，其中，于内，要注重修己，具备崇高的德行；于外，能博施济众，安定百姓。所谓"内圣外王"之道就是内在修养与经世致用的统一，即先有内心的道德素养，而后才能转化为外在的道德践行。在传统文化中，儒学与道学的"内"的含义存在差异，儒家内化的是德，是礼，是善；而道家内化的是道，是天人合一，抑或是心物合一为基础的修炼，即在掌握自然规律、社会规律及至宇宙规律的基础上的修炼，是在求真的基础上达到善与美的范畴。内圣外王之说是由庄子提出的，并且，庄子还提出了具体的修炼之路，即达到三重境界：生死齐等看待①、无情无欲②、超脱世俗生活③。道学中的"怀素抱朴"④，也具有道德诉求的意蕴，其内涵是推崇人与自然的和谐，反对腐败、奢侈以及无止境的物欲追求与享受。这些也都是博雅教育中人性完善的重要内容。

①"修炼生与死的自然大限，达到生死齐等看待"的启示

在庄子看来，生死既是我们现实中无法逃避的命限，又是我们的现实生命与另一种可能性之间的一条分界线，这种新的可能性就是"道"。庄子提出了达道的修炼途径："参日而后能外天下……七日而后能外物……九日而后能外生；已外生矣，而后能朝彻；朝彻而后能见独；见独而后能无古今；无古今而后能入于不死不生。"（《庄子·大宗师》）其中，具体方法是"心斋"与"坐忘"，是"无用吾身"，是"堕肢体，黜聪明，离形去知，同于大通"（《庄子·大宗师》）。等同生死，这是庄子"齐物"的最高境界。这一点带给我们的启示，首先，"齐物"是令人思考科学豁达的生死观；其

---

① 南怀瑾：《庄子喃哗》（上），上海：上海人民出版社，2007年，第128页。

② 南怀瑾：《老子他说》，上海：复旦大学出版社，2011年，第254页。

③ 南怀瑾：《庄子喃哗》（下），上海：上海人民出版社，2007年，第90页。

④ 南怀瑾：《老子他说》，第254页。

次，修身成事的方法也蕴藏其中，即做任何事都要能够不为外在的纷扰所干扰，守住初心，专心一志，锲而不舍。这种专注的品格、豁达的心态也是追求既定目标的有效路径。在博雅教育实施过程中，掌握这种品格与心态也是实现人格完善的重要方面。

②"修炼情与欲的个体障碍，达到无情无欲"的启示

对于色彩缤纷的大千世界，老子指出："五色令人目盲；五音令人耳聋；五味令人口爽；驰骋畋猎，令人心发狂；难得之货，令人行妨。"（《道德经·第十二章》）声色犬马的欲望世界使人偏执，不能守住本心，以致以身试法。这提醒我们，要远离偏执贪欲之害，严以修身。对于抵制穷奢极恶的奢靡行为，专注理想人格的追求具有借鉴意义。这一点对于博雅教育的启示在于除了守住本心、不触犯伦理道德法律底线外，更重要的是具有方法论的意义，即达成任何的目标（包括学习、生活、工作等），都需要摒弃外在纷繁的干扰，能够始终如一、矢志不渝地坚持，这些都是人格完善不可或缺的内容。

③"修炼时命的社会束缚，达到超脱世俗生活"的启示

超脱世俗生活是"澹然无极"的表现，从这种心性出发，不能把自己本质和价值的实现局限在有形的世界中，道家所崇尚的人都是有能力"乘天地之正，而御六气之辩"（《庄子·逍遥游》）的人。庄子把人的心神视为人的本真之性，视为人在世界中生活的原初样式，即"勿忘初心"。因此，道学的"无为"并非无所作为，而是顺应规律的作为，是在"天人合一"基础上的作为，从而达到"无为而无不为"（《道德经·第四十八章》）。在人格修养方面，达到清澈澄明、表里如一的境界；在具体的实践上，则需要不为外在环境干扰，想自己所想，做自己所做，同时，又不违背事物发展的必然性，既要尊重客观规律性，又要发挥主观能动性。

因此，道学在人格塑造上值得借鉴的内容包括：在人格理想上，实现清澈澄明的率真本性；在具体实践上，不忘初心，矢志不渝，既尊重事物发展的客观规律性，也要发挥人的主观能动性等。无论其内容，还是方法论，都对博雅教育中塑造完善人格具有实践意义。

儒学与道学的理想人格，为我们描述了优秀人格的画像。这是在几千

年的历史中融于中国人血液的理想诉求，是文化自信赋予博雅教育的根基。当前，越来越多的学者致力于在马克思主义指导下发掘传统文化的当代价值，继承和创新传统文化的优秀内涵并加以应用。研究这些问题对于博雅教育的实施意义深远，特别是在提升博雅教育受教育者的精神境界、思想道德素质等方面，具有理论与实践意义。

（二）英国博雅教育的理想人格

英国的博雅教育作为一种传统，始于16、17世纪，到18世纪逐渐成熟。同其他西方国家一样，英国的博雅教育可以追溯到古希腊、古罗马时期，但是，需要注意的是，18世纪英国的自由人不再是亚里士多德时代的自由人，这一时期的自由人的目标是成为一个绅士，自由人特指的是绅士。绅士与传统自由人的区别则在于自由人基于法定的身份和地位，而绅士则强调知识、品格等。绅士除了基于出身外，更重要的是作为绅士重要特征的品格是可以通过教育获得的。因此，绅士与教育具备了天然的关联。把绅士与教育相关联是博雅教育思想的重要突破。同时，也需指出，绅士是必须要接受博雅教育的，这样才能具备知识、素养、品德等绅士所应该具有的特征。如果说自由人是政治人，则绅士是社会人。

1. 知识

传统上，英国的绅士和贵族是不注重知识的，文艺复兴后，人文主义教育迎合了贵族的需要，牛津、剑桥两所学校涌入了一批未成年的、对学习没有兴趣的贵族子弟，相应的导师制、管舍制逐渐得到发展，并成为英国教育的一大特色。

到了18世纪，绅士与知识具有密切的联系，即绅士应该是学识渊博的人。但是，过分注重知识的准确和精深使人难以脱离学究气，而学究气又是与绅士的文雅的品格不相符的，甚至可以说学究气是绅士的大敌。因此，素养或者品性在绅士的特征中又具有不可或缺的地位。

2. 品格

Liberality一词代表了绅士的主要品格和素养，其含义包括对政治、宗教或道德观点的尊重、宽容，以及慷慨、大方等。在18世纪时，Liberality

的含义包括和善待人、乐善好施，拥有优雅的谈吐和风度。而受中世纪严格的清规戒律的影响，Liberality 则有了遵循中庸之道、克勤克俭的含义。自由这一概念的含义在 18 世纪则偏向于对欲望的超越，这种对欲望的超越是遵循理性的、能够把沉思付诸行动的。博雅教育要培养人们的第一个品格就是对于自由的热爱，并以此来获得文雅的谈吐、礼貌的行为等。

第二个品格就是具备良好的心智。纽曼为博雅教育的内涵输入了新的内容——心智的培养。受教育者必须严格训练，能够得体地处理事务、与别人交谈等，即便是与别人发生冲突，也能够很好地控制情绪，从而不至于出现失礼情绪和行为。这种心智训练的内容更接近心理学的知识，是一种能力的培养，即培养智慧、记忆力、判断力等。心智的塑造不同于知识和信息的获取，若干年后，我们所获得的信息和知识荡然无存，但是，心智却在这个过程中得以塑造。心智的训练不能仅仅停留在知识的表面，也不是才艺的娴熟，而是一种哲学思维的养成，是具有良好的判断力、清醒的思维、理性、公正、自制、有主见、善于用联系的整体的眼光看待事物的能力和习惯，是一种善。另外，心智的训练也不同于专业知识的获取或者是道德和宗教上的进步。纽曼认为，心智训练的第一步是让学生养成方法、秩序、原则、系统、丰富、和谐等观念，因此，文法和数学就无法忽略。

第三个应该具备的品格就是信仰，也可以是美和高尚。知识也好，心智的训练也好，终究无法触及灵魂完成品德的提升以及美德的获取，因此，绅士的品格是有限度的。以理智为主要目标的局限性需要道德教育加以补充。

第四个重要的品格则是独立。在 18 世纪，独立也是贵族才能具有的品格特征，奴仆、雇工等因为契约关系需要具有一定的依附关系，因而，不管是身份还是性格，都不具有独立的人格特征。虽然，18 世纪的英国已经进入了资本主义社会，不具有奴隶社会严苛的等级观念，但是，等级的对立还是存在的。

16 世纪之后，英国的剑桥和牛津两校，等级分化越发明显，大学的宗旨渐渐开始转变成为人口比例大的中产阶级服务，培养政界与宗教界的精英。而两所学校中的学生的人格品质却日趋堕落，使得博雅教育不得不另寻出路。因而大学、公学、家庭教育、教育旅行等都被认为是博雅教育的重要组成部分。这种现象到了 19 世纪得以更正，博雅教育重新回归学校。但是，英国的博雅教育仍然以培养政界精英和宗教精英为目标而存在于学院式大学中，而 17、18 世纪的德国、法国、意大利则变成了以专业学院为主导的大学。在英国，律师会馆与牛津、剑桥两校形成了严格的楚汉分界，事实上这也是历史上精英教育与专业教育区分的明显标志。牛津、剑桥两校虽然排斥专业教育，但是在人格塑造方面，却得到了社会的认可。这种非专业主导的教育体制结构，使得博雅教育的观念经久不衰，注重心灵、道德品格、愉悦的环境氛围以及个人爱好的塑造的教育理念在今天也仍具有重要意义。

（三）马克思主义的理想人格

马克思主义理想人格是人的自由全面发展。习近平总书记在全国教育大会上发表重要讲话时强调："培养什么人，是教育的首要问题。我国是中国共产党领导的社会主义国家，这就决定了我们的教育必须把培养社会主义建设者和接班人作为根本任务，培养一代又一代拥护中国共产党领导和我国社会主义制度、立志为中国特色社会主义奋斗终生的有用人才。这是教育的根本任务，也是教育现代化的方向目标。"[①]这是在马克思主义的理想人格思想基础上更为全面、具体的表述。马克思主义的理想人格思想对于今天的教育仍然具有启示作用。

1. 马克思主义的理想人格——人的自由全面发展

马克思认为："共产主义是私有财产即人的自我异化的积极扬弃，因而是通过人并且为了人而对人的本质的真正占有；因此，它是人向自身、向社会的（即人的）人的复归，这种复归是完全的、自觉的而且保存了以往发展的全部财富的。这种共产主义，作为完成了的自然主义，等于人道主义，而作为完成了的人道主义，等于自然主义，它是人和自然界之间、人

---

① 习近平：《坚持中国特色社会主义教育发展道路 培养德智体美劳全面发展的社会主义建设者和接班人》，《人民日报》，2018-9-11。

与人之间的矛盾的真正解决，是存在和本质、对象化和自我确证、自由和必然、个体和类之间的斗争的真正解决。它是历史之谜的解答，而且知道自己就是这种解答。"[①] "马克思主义产生于对资本主义社会现实的批判和对资本主义人本思想的反思，其全部理论的最后归结，就是关于人的彻底解放和全面发展的学说，是人的显学，展现了人的全面发展的文明大道。"[②] 可以说，马克思主义理想人格是迄今为止人类历史上最为彻底的理想人格理论，展现了强大的实践生命力和时代生命力。

首先，不同于以往一些理想人格的内在依据的理论抽象性，马克思主义的理想人格具有实践性与科学性。一般的理想人格理论是以抽象的人为出发点，马克思主义的理想人格则是以现实的人为出发点，与人的社会实践和社会生活密切相连，并强调通过劳动来发挥人的主观能动性与创造性，并促进人的自由全面发展。其次，马克思主义的理想人格思想与中国特色社会主义的人才培养具有内在的一致性。马克思主义的理想人格在当代同样具有现实意义。马克思主义的理想人格提出了主体性原则的人格塑造，即人的自由全面发展（包括人的全面发展，人的自由发展，人与自然、社会矛盾的解决等）符合当代社会和谐发展的需要。当代社会和谐发展理论基于马克思的社会理想理论，和谐社会理论的构建中要注重理想人格与理想信念，进而促进社会的和谐有序发展。也就是说，和谐社会的构建离不开理想人格，离不开人的自由全面发展，从一定意义上说，和谐社会理论的构建正是要以马克思主义的理想人格理论为基础，人的自由全面发展是理想人格，也是理想社会的最高目标，更是世界处于和谐状态的最高境界。

马克思主义的理想人格饱含着马克思对人的深切关注，包括了对完美人格的追求与设计。概括地说，马克思主义的理想人格就是人的自由全面发展，包括人的自由个性、人的自由自觉活动以及人的和谐社会关系三个方面的全面发展。

① 人的自由个性

---

① 马克思、恩格斯：《马克思恩格斯全集》（第42卷），北京：人民出版社，1979年，第120页。

② 肖勤福：《马克思主义人本思想在当代中国的实践性》，《毛泽东邓小平理论研究》2011年第1期。

　　根据马克思主义关于人的全面发展理论，人类社会历史分为三个形态，最高形态是自由人的联合体，这是"建立在个人全面发展和他们共同的社会生产能力成为他们的社会财富这一基础上的自由个性"①。这里所指的人能够自由地按照自己的愿望和意志充分地展现自身的、与其他人不同的个性。

　　马克思认为，自由个性的人将其个性显现在人的社会关系以及人的能力方面，主要包含人的自主性、创造性与独特性等方面。自由个性的全面发展则是指这些方面发展的普遍性和全面性。万斌教授认为："自由个性可以从质和量两个维度来评价：在量的意义上，自由个性强调的是个人发展的全面性，它在横向上指人的需要、情感和能力诸方面发展的普遍性，纵向上指人的自然力量、社会关系和道德风貌发展的充分性；在质的意义上，自由个性强调的是人的发展的自由性，一方面个人成为自身、自然和社会的主人，另一方面成为有别于他人而在发展中呈现内在特殊性的人。"②

　　马克思关于自由个性的理想人格思想强调充分关注人的自由个性的培养。但是有些西方学者总是对这些理论进行抹黑，譬如后现代主义者托尼·贝内特。事实上，作为社会主义国家理论指导的创始人马克思的理论，恰恰是充分重视且鼓励人的自由个性全面发展的。

　　在充分关注马克思主义有关人的个性自由发展理论的同时，我们更需要准确地把握必然性与意志自由的关系。而马克思认为，人与动物的显著区别就在于人是具有自由意志能力的，并且能够正确地运用这种能力。与此同时，不可忽视的是人常常将"任性"等同于"自由"，即人可能滥用自由的能力，随心所欲，并沦为冲动的甚至是恶劣欲望的奴隶。事实上，当人任凭自己的好恶进行选择，忽略了社会需求以及这种行为应该承担的责任时，这种行为看似自由，其实却成了随心所欲、缺乏理性的冲动。所以说，在人的自由个性的塑造过程中，必须把人的自由与社会责任联系起来进行考虑。

---

① 马克思、恩格斯：《马克思恩格斯全集》（第46卷上），第104页。

② 万斌、万泽民：《理想人格的哲学意蕴及实现途径》，载《人格与人格塑造》，杭州：浙江大学出版社，1995年，第79—80页。

② 人的自由自觉活动

虽然马克思关于人是"类存在物"这一命题受到费尔巴哈的影响，但是，在阐述人是怎样的"类存在物"问题上，显然超越了费尔巴哈。马克思曾指出："一个种的全部特性，种的类特性就在于生命活动的性质，而人的类特性恰恰就是自由的自觉的活动。"① 因此，"人的自由自觉活动"成为马克思主义理想人格的又一重要内涵。马克思认为："一方面，自由自觉的活动从根本上把人与动物划分开来，动物的活动归根到底只是一种本能，只有人才是有意识的类存在。另一方面，自由自觉的活动也给了人不断超越自身、追求完美理想人格的内在动力"，"与动物形成相比，人在本质上是不确定的。就是说，人的生活并不遵循一个预先建立的进程，而大自然似乎只做完一半就让他上路了。大自然把另一半留给人自己去完成"②。

人产生不断修正自身，不断完善的冲动来自人对自身有限性、片面性的认识，基于这种认识，人想尽各种办法让自己成为更有意义的存在。而这种不断完善的改变和修正需要人的自由自觉活动。因此，人在各种各样需要的基础上，根据多彩多姿的活动和社会关系，逐渐变成具有多方面能力的人。"个人的全面发展，只有到了外部世界对个人才能的实际发展所起的推动作用为个人本身所驾驭的时候，才不再是理想、职责等等，这也正是共产主义者所向往的。"③ 在人类的理想社会中，人的方方面面都得到充分的发展，人的体力、脑力、审美能力和自由创造能力大大提升，人的潜能也得到空前的发掘。这些能力加起来就构成了人的自由自觉发展的普遍性。

③ 人的和谐社会关系

马克思认为，人是社会的存在物，因此必须要关注和构建与自身相关的社会关系。而全面发展的人首先是能够让社会关系和谐的人，抑或是能够协调社会关系的人。马克思在早期关于人的研究中，就将人的特殊性定义为"人的社会特质"，而并非是原始社会的"抽象的个体"。为此，他

---

① 马克思：《1844 年经济学哲学手稿》，北京：人民出版社，2000 年，第 57 页。

② 米夏埃尔·兰德曼：《哲学人类学》，润嘉译，上海：上海译文出版社，1988 年，第 84 页。

③ 马克思、恩格斯：《马克思恩格斯全集》(第 3 卷)，北京：人民出版社，1956 年，第 330 页。

指出："人的'特殊的人格'的本质不是人的胡子、血液、抽象的肉体本性，而是人的社会特质。"[①] 因此，在定义人的本质时，马克思指出，人的本质"不是单个人所固有的抽象物，在其现实性上，它是一切社会关系的总和"[②]。

在马克思看来，人是社会的人，人的发展与能力的形成都离不开社会以及人的社会关系。而社会关系的丰富是人的全面发展得以实现的背景。马克思说："个人的全面性不是想象的或设想的全面性，而是他的现实关系和观念关系的全面性。"[③] 另外，"人同自身的关系只有通过他同他人的关系，才成为对他来说是对象性的、现实的关系"[④]。人的全面发展的和谐社会关系首先来自人的社会关系的丰富性与开放性，这样才能使人摆脱以往由于社会分工与分层造成的社会关系的单一性、局限性和狭隘性，打开社会交往的桎梏，使得人际交往渗透于各层次、各领域以及各方面，并通过人际交往使人与人之间互通有无、缩小差距。丰富的人际交往为人的全面发展提供了可能性。

人的和谐社会关系的另一个来源就是人对社会关系的自由度得到提高。伴随着社会的不断进步，人的异化将不存在，即人的存在与人的本质的对立将不复存在，社会关系不再是异化的原因，而是受人自身控制，在此基础上，人们在和谐、丰富、自由的社会关系中全面发展，并在保持自己特性的同时达到和谐。

上述内容中，人的社会关系全面而和谐地发展，归结起来就是人的发展的独立性、普遍性。这就如有的学者指出的那样："人的全面发展在总体上来概括，是作为人基本特性的类特性、社会特性和个性在个人那里的具体统一和历史发展。"[⑤]

---

① 马克思、恩格斯：《马克思恩格斯全集》（第3卷），第29页。

② 马克思、恩格斯：《马克思恩格斯选集》（第1卷），北京：人民出版社，2012年，第135页。

③ 马克思、恩格斯：《马克思恩格斯全集》（第46卷下），北京：人民出版社，1980年，第36页。

④ 马克思：《1844年经济学哲学手稿》，第60页。

⑤ 万斌、万泽民：《理想人格的哲学意蕴及实现途径》，载《人格与人格塑造》第245页。

2. 马克思主义有关人的自由全面发展思想对博雅教育的启示

在西方博雅教育的历史与实践中强调的自由人具有明显的历史性与时代性特征，而马克思主义提倡的自由人是更为全面发展的人，也是涉及范围最为广泛的人。我们对马克思主义相关理论的借鉴，是对博雅教育理念的内涵与范围最好的完善，对今天的教育理论与实践具有重要的现实意义与理论启示。

（1）"人的自由发展"的启示

① 自觉自愿地发展自己的才能

自由的活动也是一种自主的活动。自主是相对于强制、被迫而言的，表示活动者在社会活动过程中是活动的真正"主人"。这一点主要是强调主体的自主性与积极性，即让人自愿并且自觉地从事某项活动，而非被迫的。这对于教育尤为重要。在教育教学实施的过程中，受教育者自主性与自觉性的调动往往会得到事半功倍的效果。博雅教育也强调对人的心智的启迪，让人自觉自愿地发挥自己的才能、施展自己的才华。

② 真善美统一的自由也是教育的目标

冯契先生强调："人类的自由，就在于达到真、善、美的统一。"[1] 自由是真、善、美合规律性和目的性的统一，也是教育的目标。若从肯定意义上看，自由是指"从心所欲"；若从否定意义上看，自由是指"摆脱束缚"。"从心所欲"是主体内在的尺度，"摆脱束缚"是人把握客体外在的尺度。两者的结合，就达到了主客体的统一，也就达到了完整的自由。主体对客体外在尺度的把握，就体现了主体的"求真"。同时，主体对自身内在尺度的理解，就反映了主体力求使建构理想客体的实践成为一种合目的性的活动，表现为主体的"求善"。所以，内在尺度与外在尺度的结合是合规律性和合目的性的统一，是"求真""求善"的统一。[2]"求真"就是追求真理、增长学识，是教育实现受教育者"智"的目标；"求善"则是培养品德、塑造人格，是教育目标

---

① 冯契：《人的自由和真善美》，上海：华东师范大学出版社，1996年，第1—2页。

② 甩美妮：《论自由的实践生成性》，《学习与探索》2013年第7期。

中"德"的要求；"求美"指尽善尽美，"体""美""劳"都属于对美的追求。

③ 自由是责任和义务的统一

责任，是分内应当做的事情，是承担的任务、需要完成的使命，是世界观、人生观、价值观的综合体现。高度责任感既是一种客观需要，也是一种主观追求。

马克思主义的自由观并不是说自由仅是个体的事情，自由是一种主体和客体之间的关系，并且相互作用才能达到主体的目的、权利和能力，才能使主体成为自为、自觉和自主的个体。即自由不是主体的任性、随心所欲，而是主体与客体、权利与义务、自由与责任的统一。

自由在人与自然的关系上表现为主体合理地调节与自然之间的关系，这种关系既不是人对自然的掠夺，也不是自然对人的奴役，而是两者之间相互协调、共同发展，即人与自然规律中间的和谐一致。反之，那种破坏、掠夺自然的行为看起来是自由的，而事实上，终会遭到大自然的报复。

而在人与人之间的关系上自由是人与人的相互协调，是个人自由与集体自由的一致性。集体不是个人的桎梏，而是个人自由得以实现的场所。同样，个人也不是他人与集体自由的阻碍，每个人的自由发展是一切人自由发展的条件。相反，那些压迫他人、危害他人的人，他们的自由是以牺牲别人的自由为代价，他们也终将会为此付出代价。

（2）"人的全面发展"的启示

① 促进人的需要的全面发展

需求，是个体内部的一种不平衡状态，它是个体在生活中对某种东西的缺乏在人脑中的客观反映，是个体活动的动力。根据马斯洛的需求层次理论，我们将需求分为五种，像阶梯一样从低到高，按层次逐级递升，依次为生理、安全、情感、尊重、自我实现（见图3.2.3-1）。在马斯洛看来，生理的需求与安全的需求为低层次的需求，是物质需求，而情感的需求、尊重的需求、自我实现的需求是高层次的需求，是精神需求。

生理上的需求是人类维持自身生存的最基本要求，包括饥、渴、衣、住、行等方面。如果这些需求得不到满足，人类的生存就成了问题。安全上的需求表现在保障生命安全、财产安全、事业安全、家族安全等方面。

情感上的需求包括两个方面的内容：一是友爱，即人人都需要伙伴之间、同事之间关系融洽或保持友谊和忠诚；人人都向往爱情，希望爱别人，也渴望得到别人的爱。二是归属，即人都希望成为群体中的一员，相互关心和照顾。情感上的需要比生理上的需要来得细致，它和一个人的生理特性、经历、教育、宗教信仰都有关系。尊重的需求是指人人都希望自己有稳定的社会地位，要求个人的能力和成就得到社会的认可。尊重的需求又可分为内部尊重和外部尊重。内部尊重是指人的自尊；外部尊重是指一个人希望有地位、有威信，受到别人的尊重、信赖和高度评价。自我实现的需求是最高层次的需求，它是指实现个人理想、抱负，发挥个人的能力到最大程度，完成与自己的能力相称的一切事情的需求。

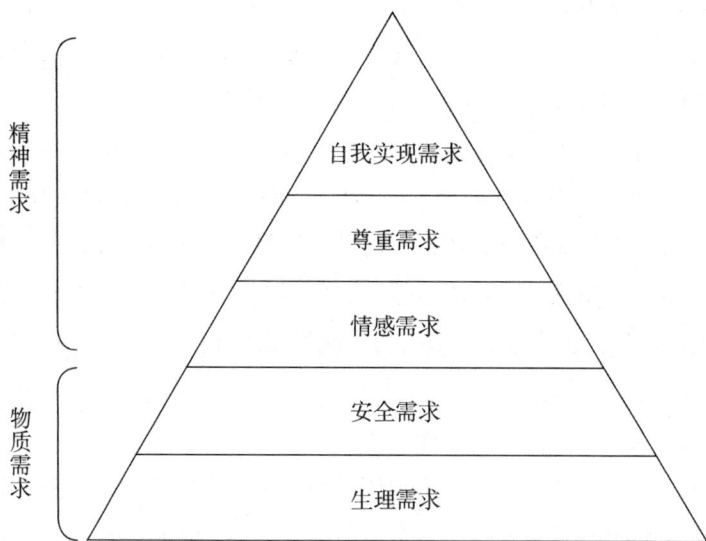

图 3.2.3-1　马斯洛的需求层次

事实上，随着物质文明的发展，人们对精神需求的追求更多。而在"三严三实"践行的过程中，我们应提升自身的需求，应该有更高层次的追求，要远离低级趣味，培养高尚的人格和情操。

②促进人的能力的全面发展

人的能力的全面发展即全面发展人的体力和智力、自然力和社会力、潜力和现实能力等，并在实践活动中发挥个人的全部才能和力量。如马克思所说，全面发展的个人能够适应极其不同的劳动需求，并且在交替变换的职能中使自己先天和后天的各种能力得到自由发展。

③ 促进人的个性的全面发展

人的个性和素质是随着人的社会关系的丰富化、人的活动的多样化形成和发展起来的。人的素质提高表现为人的心理素质、生理素质、科学文化素质和思想道德素质等的完善和发展，以及各种素质之间的协调与均衡。

人的个性的发展是指个人主体性水平的全面提高与个人独特性的丰富和增加，即人的自觉能动性、创造性和自主性得到全面发展，个性的模式化、同步化与标准化被消除，个性的单调化与定型化被打破，每个人都追求独特的人格、理想、社会形象以及能力体系，显现自己独特的存在，以及与众不同的差异性，表现为个人的唯一性、不可取代性、不可重复性，社会因此充满生机和活力。

必须进一步指出，马克思所说的"全面发展"的人，不是抽象、孤立的人，是指现实的、具体的、社会中的个人，不是"某一个人"，而是"每一个人"。因为"一个人的发展取决于和他直接或者间接进行交往的其他一切人的发展"[1]，"要不是每一个人都得到解放，社会本身也不能得到解放"[2]，人的全面发展意指"全面、自由、充分、和谐发展"。全面发展不同于片面发展，而是指人的本质的全面展开；自由发展则是指人作为主体自觉、自愿、自主的发展；充分发展是人全面、自由发展的程度，和谐发展则是人发展的每个方面之间的协调与贯通。

事实上，全面发展、自由发展、充分发展、和谐发展在"每一个人的发展"内部是相互联系、不可分割的。

④ 促进人的社会关系的全面发展

社会关系是劳动实践活动的展开，决定着一个人能发展到什么程度，"个人的全面性不是想象的或设想的全面性，而是他的现实关系和观念关

---

[1] 马克思、恩格斯：《马克思恩格斯全集》（第 3 卷），第 515 页。
[2] 马克思、恩格斯：《马克思恩格斯全集》（第 20 卷），人民出版社，1973 年，第 318 页。

系的全面性"①。人类初期特征之一就是个人没有丰富的社会关系，在范围上主要囿于血缘和地缘关系，在内容上呈现出简单、贫乏的特征。社会关系的全面丰富意味着个人与他人，不仅是社会群体中某一成员，才发生相互的关系；人们摆脱了以往个体、分工、地域、民族的狭隘局限性，形成了各方面、各个领域、各个层次的社会联系；人们的经济关系、政治关系、法律关系、伦理关系、宗教关系、文化关系等全面生成，由贫乏变得丰富，由封闭变得开放，由片面变得全面，并且得以协调和谐发展。

人的丰富的社会关系一定包含着人的社会交往的普遍性。

社会关系的发展在其内容的丰富性上，还表现为个人之间的关系成为共同的关系，联合起来的个人实现对社会关系的全面占有和共同控制。

⑤ 实现教育与生产等社会实践相结合，促进交往的普遍发展，克服分工的局限性

从整个人类历史来看，分工既是生产力发展的结果，又是生产力不够发达的产物。分工给人的发展带来的影响有两个：一是造成"单个人的利益或单个家庭的利益与所有互相交往的个人的共同利益之间的矛盾"，在阶级社会，"共同利益"采取了"国家这种与实际的单个利益和全体利益相脱离的独立形式"，即"虚幻的共同体的形式"②；一是造成人的片面发展，特别是在分工高度细化的资本主义社会，每个人都处在工业流水线上，成为只懂得一种或几种技能的机器的奴隶。"现代社会内部分工的特点，在于它产生了特长和专业，同时也产生职业的痴呆。"③人的技能萎缩，以及人与人之间才能的差异，都是自然形成的强制性分工的结果："从根本上说，搬运夫和哲学家之间的差别要比家犬和猎犬之间的差别小得多，他们之间的鸿沟是分工掘成的。"④因此，马克思、恩格斯强调自愿的分工，"只要分工还不是出于自愿，而是自然形成的，那么人本身的活动对人来说就成为一种异己的、同他对立的力量，这种力量压迫着人，而不是人驾驭着这种力

---

① 马克思、恩格斯：《马克思恩格斯全集》（第46卷下），第36页。

② 马克思、恩格斯：《马克思恩格斯文集》（第1卷），北京：人民出版社，2009年，第536页。

③ 马克思、恩格斯：《马克思恩格斯选集》（第1卷），第249页。

④ 马克思、恩格斯：《马克思恩格斯文集》（第1卷），第619页。

量……这种社会力量在这些个人看来就不是他们自身的联合力量，而是某种异己的、在他们之外的强制力量"①。马克思借用黑格尔的概念，把这种资本分工对人的压迫称为"异化"。无产阶级革命的任务，就是消除资本与分工对人的压迫，消灭导致人畸形发展的根源，极大地释放人的各方面的潜力和才能，实现人的全面自由发展。

（3）"人的充分发展"的启示

人的充分发展是从程度上来讲人的发展。人的才能和能力的发展总有个程度问题，人总是向着更高的程度来发展自己。所以，要在发展生产力的基础上扬弃自由时间和劳动时间的对立，在休闲中要开发每个人的"潜能""天赋"等等，促进人的充分发展。

按照马克思的观点，理想人格和理想社会是统一的，有理想社会，才有理想的人，也才有理想人格。在私有制下，社会发展和个人发展是分离的：社会发展要以牺牲个人发展为代价，要通过牺牲个人发展这一形式来实现；而个人发展也不能顾及社会利益。社会发展同个人发展的对抗和分离是必然要解决的问题，"代替那存在着阶级和阶级对立的资产阶级旧社会的，将是这样一个联合体，在那里，每个人的自由发展是一切人的自由发展的条件"②。马克思对这种理想社会——共产主义社会，做了详尽的论述：共产主义既是一种理想目标，又是一种消灭现存状况的现实的革命运动过程；共产主义社会是扬弃了私有制或私有财产的人的自我异化的社会；共产主义运动既具有经济的性质，又具有人道的性质——因为它主张消灭私有制，为人的解放提供经济基础；共产主义是人的发展的最高社会形式，只有在这种社会形式中，人才能得到充分的发展。

社会革命的一个特殊的形式是改革。我国正在进行的改革开放是社会主义制度的自我完善和发展，要释放社会主义内在的生机与活力，为构建我们的理想人格目标提供制度及社会保证。

---

① 马克思、恩格斯：《马克思恩格斯选集》（第 1 卷），第 165 页。
② 同上书，第 422 页。

三、博雅教育的含义

从博雅教育的历史来看，不论是亚里士多德的自由教育，还是西欧中世纪的"七艺"，以及我国《中庸》中所提到的"博学之、审问之、慎思之、明辨之，笃行之"，都是提倡一种人性日臻完善的教育，博雅教育旨在培养具备广博的专业知识与优秀人文素养的人才。

纽曼曾经指出："大学的组织形式、教学内容、规模等外在因素会随着时代的变化而变化，但是，大学的原始的伟大理念（idea）却完好地保存了下来；它仍然是高山上的明灯，或者是关于所有门类的知识——人类的和神圣的——博学鸿儒，它只不过偶然地受到政治和社会因素的引导和影响。"[1] 但是，需要强调的是，纽曼所提倡的博雅教育需要的是普遍的知识，这是古希腊自由人技艺通科教育的传承，而这种普遍知识的内涵包含着"博"与"雅"，即在知识日渐专业化的同时，必须注重各学科知识之间的相互联系以及整体性，这一点可以理解为"博"；与此同时，知识又有着由低级向高级的序列，在知识的顶端，纽曼认为，应该是神学，神学是关于信念、心智的教育，是所有学科的灵魂，是人成为绅士的必备条件，这是纽曼"雅"的内涵的另一种解释。总之，纽曼的博雅教育是针对绅士的大学教育，是与实用技能相对的、非专业性的、非功利性的哲理性教育。

因此，现代意义的博雅教育是针对全体公民的、旨在培养具有完善人格的自由人的教育，这种博雅教育具有全面性、自由性等特征。全面性即指教育对象与教育内容的全面性。教育对象指向全体公民，即"有教无类"；教育内容则包括知识教授与能力培养两方面。自由性主要是指旨在激发学生自我潜能的灵活的课程体系、适当的学习材料、以学生为本的教学方法，

---

[1] John Henry Newman, *Historical sketches* (V.3), London: Basil Montagu Pickering, 1872: 205.

以及在对清澈澄明、率性本真、集真善美于一身的完善人性①的培养过程中受教育者自由本性的显现。这对于日前教育功利化、教育产业化所带来的现代教育眼界狭隘以及受教育者人格缺陷、有才无德等问题具有现实意义。这种教育的内容既包括广博的知识，又包括优秀的人文素养，而现代大学的任务是培养具备通识的人才，而不是单纯的通才。所以，博雅教育的内涵包括"博"与"雅"两个方面。相关内容见表 3.3-1。

表 3.3-1　　Liberal 的含义和关注学科的发展变化

时代	Liberal 的含义	关注的学科
古希腊	政治自由	哲学
塞涅卡	精神自由	修辞学
18 世纪	道德 – 社会层面	文雅知识
20 世纪	知识才能层面	通识知识

（一）博雅教育内涵解析

对博雅教育的界定，存在着不少的分歧。在《西方教育词典》中，将"liberal education"定义为"旨在解放思想和精神，避免专门化和不做就业准备的教育"②；1928 年的《耶鲁报告》（*Yale Report of 1928*）则把博雅教育界定为"某一共同的课程是适合所有人学习的。这些人将能得到最好的教育，将为每个人不同的喜好、年龄、追求提供最有利的条件，将最容易跨向成功，将打好专业学习与实践的基石"③。

国外其他的学者专家对博雅教育也有不同的理解。例如，列奥·施特劳斯认为，"自由教育是文化的教育或是以文化为依归的教育。自由教育的最终产品是文化人"④；上原专禄则认为，"自由教育旨在培养一种生活方

---

① 马克思在《1844 年经济学哲学手稿》中提出："人的本质是建立在社会性的物质生产劳动之上并包含于其中的真、善、美的自由主体。"参见邓晓芒《西方美学史纲》，武汉：武汉大学出版社，2008 年，第 109 页。

② 朗特里：《西方教育词典》，陈建平等译，上海：上海译文出版社，1988 年，第 170 页。

③《耶鲁报告》（二），蔡虹焰、陈文娟、文静等译，《国际高等教育研究》2008 年第 2 期。

④ Leo Strauss, What is Liberal? *Academic Question*, 2003（Winter）: 31-36.

式和生活智慧，并期待人类智慧与能力的多样发展"①；杜威认为，"自由教育的目的在于训练智力，正当地运用智力，获得知识"②；乔纳森·贝克认为，现代博雅教育是"为培养学生的学习欲望、训练批评性思维、有效交际的能力以及公民义务而建立的高等教育体制"③；艾伦·格沃思认为，博雅教育"是一个培养人能力和性格的过程，从而使人们可以在道德上有效和正当地享受自由"④；罗伯特·卡森将博雅教育界定为"自由人的教育，让人们学会思考，学会取舍，进行分析、比较、综合、对比、批评，并做出道德和智力辩护的判断"⑤；詹姆斯·B.威尔伯则认为"博雅教育的价值正是因为它的目的是发展那些真正的人类活动，这才是人类真正的特点"⑥。

　　国内的学者对博雅教育也有各自的理解。如张捷认为博雅教育"在传授专业知识的同时，应该注重通识教育，提供人文训练，培养人文素质，这也就是博雅教育的精髓"⑦；陈建华认为博雅教育是"一种通过知识学习培养学生素质能力，促进学生发展的非功利性教育"⑧；张燕提出博雅教育"试图通过性格的培养来促进个性的发展"⑨；连进军和解德渤认为现代博雅教育是一种"灵活的课程体系、适切的学习材料和以学生为本的教学方法"⑩；沈文钦认为博雅教育是一种"依据某些特定的原则（善的、符合自由人身份

---

① 大塚丰：《全球化时代对日本大学博雅教育的若干思考》，年智英译，《比较教育研究》2009 年第 1 期。

② 约翰·杜威：《民主主义与教育》，王承绪译．北京：人民教育出版社，2001 年，第 288—289 页。

③ 乔纳森·贝克：《博雅教育的内容》，岳玉庆、赢莉华译，《开放时代》2005 年第 3 期。

④ Gewirth A, The Moral Basis of Liberal Education, *Studies in Philosophy and Education*, 1994 (13): pp.111-112.

⑤ Carson, R.N, Science and the Ideals of Liberal Education. *Science and Education*, 1997 (6): pp.225-238.

⑥ Wilbur, J.B, The Value of a Liberal Education: An Essay on the Power of Knowing. *The Journal of Value Inquiry*, 1968 (2): pp.187-195.

⑦ 张捷：《书院教育与博雅教育的育人功能耦合及现代意义》，《江苏高教》2011 年第 2 期。

⑧ 陈建华：《论基础教育、素质教育与博雅教育的内在关系》，《南京社会科学》2013 年第 9 期。

⑨ 张燕：《浅析"博雅教育"》，《四川师范大学学报》（社会科学版）2005 年第 5 期。

⑩ 连进军、解德渤：《作为概念体系的自由教育及其发展脉络——兼与博雅教育、通识教育辨析》，《高等教育研究》2013 年第 1 期。

的）去界定并挑选特定的知识、技艺、运动、娱乐方式、德行、礼仪，并进而塑造'真正自由人'或绅士的教育理念"[1]；姜有国认为博雅教育是"一种对话、互动并以学生为中心的教育模式和社会服务课程"[2]。综上，博雅教育的主要内容分为两个方面：第一，培养学生广博的知识；第二，培养学生优秀的人文素质。这两点内容刚好与中文的"博"与"雅"的内涵相呼应。因此，博雅教育最为本质的内容就是培养受教育者的"博"与"雅"。

1. "博"——广博的知识

亚里士多德界定的自由人技艺中，虽然哲学具有举足轻重的地位，但是，对人文精神关怀的技艺与彰显科学精神的技艺的划分是完全断裂甚至是对立的。但从西塞罗、塞涅卡等人开始，随着对人文学科的重视，也日渐把人文学科与科学学科进行了对立的划分，到了中世纪，鉴于神学的统治地位，统领人的精神的基督教信仰被提到了更为重要的地位，而技艺不过是工具。这种现象一直持续至18世纪的英国，牛津、剑桥两校的教育奠定了近代以人文教育为主要特征的博雅教育传统，与中世纪不同的是，18世纪英国的博雅教育是绅士教育，而非以神学为主要内容。

然而，随着科学技术以及机械化生产的发展，科技在社会的地位日趋重要，博雅教育出现了分化。社会重视技能、轻视人文精神已经成为普遍现象，教育也随之出现重科学精神、忽视人文精神的趋势，进而出现了技术和工具的异化现象，即人与工具、技艺的地位本末倒置，鉴于此，一些教育学家呼吁重视人文教育。约翰·密尔曾经指出大学不是专业教育的场所。[3]因此，笔者认为，博雅教育的"博"应该涵盖人文学科、自然学科，甚至是社会学科，大学教育除了重视技能外，更应注重受教育者知识结构的全面化。

综上，"博"是指广博的专业知识。从内容上讲，"博"与道家所讲"微妙玄通"、《礼记》中所述"洁净精微"是一致的，是自然科学、社会科学、

---

[1] 沈文钦：《西方博雅教育思想的起源、发展和现代转型：概念史的视角》，广州：广东高等教育出版社，2011年，第320页。

[2] 姜有国：《全球博雅教育》，青岛：中国海洋大学出版社，2014年，第7页。

[3] 转引自沈文钦《近代英国博雅教育及其古典渊源——概念史的视角》，博士学位论文，北京大学，2008年。

人文科学知识的综合。而在现代教育实施过程中，在以往要求教育内容以专业知识为主的同时，自然科学、社会科学、人文科学知识都要有选择地涉猎，进而开阔思维，具备应对学习、生活、工作应有的形象思维与逻辑思维能力。在谈及广博知识的作用时，有的学者曾指出："重要发明首先来自形象思维，然后才有逻辑思维，唯有这样，才能有显著的创造。"[①] 其中，从学科的角度而言，形象思维得益于人文科学与社会科学，例如哲学、音乐、美术等偏重感性思维；逻辑思维则得益于自然科学，例如数学、物理学、化学等，偏重理性认识。科学的发明离不开形象思维与逻辑思维的养成，因此，教育的实施需要注意教育内容的全面性，即"博"。

2. "雅"——优秀的人文素养

"雅"的教育更多是指向理想人格培养的教育目标，即博雅教育究竟想要培养出什么样的人，这些人身上需要具备哪些特征。这些是随着时间的推移而出现差异的。例如，从塞涅卡开始，自由从政治自由转向了精神自由，西塞罗希望培养出雄辩家，而18世纪的绅士教育则希望培养出文雅的绅士。从总体上说，"雅"是指向受教育者的人文素养，并非实用性的技艺，在古罗马时期，"liberal arts"和对立面的区分基于政治标准；中世纪时则基于知识标准；文艺复兴开始，社会标准介入，审美标准占据上风，就其关注的层面转向了道德－社会层面。

"雅"是指优秀的人文素养。对此，孔子指出："弟子入则孝，出则弟，谨而信，泛爱众而亲仁。行有余力，则以学文。"（《论语·学而》）孔子是把培养道德观念放在首位，而学习文化放在第二位的。密尔认为，大学教育的目的是"培养有能力、有教养的人才"，而"单纯传授技术不是各个世代向后代传承的义务，也不属于支撑文明和价值的范畴"，即"当你被培养成贤明、有能力的人之后，才能成为贤明的律师、医生，成为专门从事职业的人"，"大学制度建设需要知性教育与道德教育，在此基础上进行美的教育"[②]。

---

① 顾沛：《培养学生形象思维、逻辑思维、辩证思维的相辅相成——兼谈"大学文科数学"的教学变革》，《中国大学教学》2010年第3期。

② 约翰·密尔：《密尔论大学》，孙传钊、王晨译，北京：商务印书馆，2013年，第15、17页。

而道德教育与美的教育的目标都是培养"雅"的内涵，直接指向完善的人格。因此，"雅"的内涵在教育目的上表现为做人第一、修业第二，即让受教育者在智慧与道德的修养上，达到身心和谐自在，并且，要有正确的人生观、价值观、世界观以及通达的处理世事的人生智慧。因此，"雅"特别注重优秀人格的养成，即包含道德素养、以美的教育为目标的人文素养。

关于博雅教育的特征，可从以下几个方面理解：第一，非功利性。博雅教育既不是职业教育，也不是培养专家的教育。就其目标来说，不是培养未来的专家、技师和教授，而是培养能够自由地对新的变化境遇做出自己正确的选择和独立判断的人。在博雅教育的提倡者看来，博雅教育的价值不仅仅体现在功利价值上，那是对它的玷污。第二，塑造心智。英国思想家约翰·密尔对博雅教育有一个非常经典的概括："每件事都知道一点，有一件事知道的多一些。"博雅教育对于受教育者来说，有一种塑造心智的价值，可以提高受教育者的理性思维能力。第三，重视人文知识。博雅教育尤其重视知识学习在人类生活中的重要性，特别重视人文知识的学习和研究，强调人之为人的精神，即人文精神的培养，强调人回归自由和真实。第四，它是经典教育、语言文学教育、人文素养教育和道德美德教育的结合。因为博雅教育的核心目标就是培养教育对象特定的内在精神气质而非具体的知识和技能，所以美国科学促进协会也这样描述博雅教育："理想上，博雅教育培养襟怀开放的人，他们不受偏狭惯习、教条主义、成见、意识形态的束缚，他们有清醒的观点和判断，他们能够时时反思他们的行动，他们通晓自己在社会和自然世界中的地位。"[1]第五，在当今全球化的时代，在高等学校，博雅教育还有一个重要任务，即致力于提升大学生的国际理念、全球视野和多元观点，着力培育大学生理解不同文化的能力以及与多元文化背景下的人们沟通合作的能力。接受过博雅教育的大学生，既能够很好理解异质文化与文明，也能够对世界形成最真实准确的认知。[2]

---

[1] Carol Geary Schneider. *In Defense of Liberal Education*[EB/OL]. (2009-08-10) [2018-06-07]. http://www.forbes.com.

[2] 张亚月：《从博雅教育维度审视大学德育：目标、方法及途径》，《湘潭大学学报》（哲学社会科学版）2014年第6期。

　　从以上的分析可知，博雅教育的内容体现在受教育者知识的广博、思维的健全、情感的丰富、人格的成熟（成熟的心智则需要能够进行自我认知以及被社会认知）、求实奋进以及对于人类前途命运的责任感。[1]按照纽曼的说法，真正的博雅教育是心智、理性、思考的操练。

（二）博雅教育内涵的美学视角

　　赫胥黎认为"科学教育是真善美的统一"[2]，是一种完整而全面的科学文化教育。因此，他不仅倡导自然科学，也倡导包括人文学科在内的科学文化。也就是说，博雅教育的重要目标之一就是培养受教育者优秀的人文素质，即塑造人的品格，同时提升人的境界。人的境界的提升是实现人格完善以及培养人的人文素质的重要途径，是博雅教育的重要内容。冯友兰先生在汲取中国古代哲学关于境界论思想的基础上，构建了自己的人生境界说。冯友兰先生曾经指出，人的境界根据层次的高低可以分为自然境界、功利境界、道德境界、天地境界，在超越了自然境界、功利境界、道德境界而达到天地境界时，也是实现了人生的至高境界，而人的最高境界就是美的境界。

1. 自然境界

　　"自然境界的特征是：在此境界的人，其行为是顺才顺习的。"[3]其中，"才"指生物学上的性，即生物本性或自然本性，也就是人的自然属性；"习"指个人的习惯或社会习俗。此境界的人以本我为中心，以本能的生物形式存在，展示了自然性的人格，人是自然的，人的需求也是自然的。每个人都有满足自己需要的权利，任何人无权干涉和剥夺。人首先要满足最根本的物质需求，这是人的自然属性的表现。我们不能完全抛弃自然境界，而是要在此基础上升华。

---

① 张亚月：《从博雅教育维度审视大学德育：目标、方法及途径》，《湘潭大学学报》（哲学社会科学版）2014 年第 6 期。

② 檀慧玲：《科学教育的精神价值探析——赫胥黎科学教育思想解读》，《河北师范大学学报》（教育科学版）2007 年第 2 期。

③ 冯友兰：《三松堂全集》（第 4 卷），第 551 页。

2. 功利境界

"功利境界的特征是：在此种境界底人，其行为是'为利'的。所谓'为利'，是为他自己的利。"[1]此境界的人以自我为中心，对他人和社会有意义也是相对于自我而言。功利境界中的人，其行为都有确切的目的。一个人增加他的财产，其行为是利，一个人增进他的名誉，其行为也是利。天下人皆追求自己的物质利益和精神需求。自然境界和功利境界，是"经济人"的境界，但是人的境界远不止于此，还包括道德境界和天地境界。

3. 道德境界

"道德境界的特征是：在此境界中的人，其行为是行义的。义与利是相反亦是相成的。求自己的利的行为，是为利的行为；求社会的利的行为，是行义的行为。在此境界中的人，对于人之性已有觉解。"[2]道德境界是比功利境界高的境界，如果说，功利境界的人的行为以"取"为目的的话，那么，道德境界的人的行为则是以"予"为目的；如果说功利境界的人，在社会与个人的关系上是对立的话，那么，道德境界的人，在社会与个人的关系上是统一的。在道德境界中的人知道社会的存在，社会是一个整体，人是社会的一部分。"社会是一个全，个人是全的一部分。部分离开了全，即不成其为部分。"[3]道德境界的人的行为是按照道德规律之"应该"行事的，是不计个人利害的，目的在于"予"；功利境界的人的行为是为利的，是为一己之利的行为，目的在于"取"。处于此境界的人，以他人和社会为中心展示了人，展示了人的社会性人格，这是一种"求善"的境界。斯密的"道德人"与这一境界的人有相似之处，同样意识到了人与社会的关系是个体与整体的关系，人不仅要利己，还要利他。

4. 天地境界

"天地境界的特征是：在此种境界中底人，其行为是'事天'底。在此境界中的人，了解于社会的全之外，还有宇宙的全，人必于知有宇宙的全

---

① 冯友兰：《三松堂全集》（第 4 卷），第 551 页。

② 同上书，第 552—553 页。

③ 同上书，第 553 页。

时，始能使其所得于人之所以为人者尽量发展，始能尽性。"①也就是说，天地境界，是一种最高的境界，只有达到这个境界的人，才具有真正的理想人格。因为在冯友兰看来，天地境界的人不仅能尽人伦尽人职，而且能尽天伦尽天职，即能事天、乐天、同天。也就是说，只有天地境界的人才深悟人之所以为人之理，尽人之性，成就一个理想的人格。就人之所以为人的标准来说，天地境界是最高的亦是最佳的境界。冯友兰认为："不但对于社会，人应该有贡献；即对于宇宙，人亦有贡献。人不但应在社会中，堂堂地做一个人；亦应于宇宙间，堂堂地做一个人。"②天地境界的人即是"与天地比寿，与日月齐光"，这是一种"求美"的境界。这是一种理想的人格，与马克思"自由全面发展"的人相同，都是达到真、善、美统一的自由的理想的人格。

所以，从美学的视角来看，人不仅仅有着简单的生理需求、功利需求，这些充其量不过是人的生物特征的表现，更重要的是人有着超功利、高于物质的精神追求以及审美追求，正如海德格尔所说，人要诗意地生存，这才是人之为人的生存方式，即人作为真、善、美的自由主体而生存，这里的人不仅是手段，更重要的是目的。

在真、善、美的问题上，真与善都带有强制性，真是一种客观的必然的东西，人不得不服从；善是一种"绝对命令"，人也必须遵循。只有美不带强制性，因为在这儿，个体感性的自由与真、善达到了完满的统一，不再相互对抗。因此，美是人类生存的最理想的状态。③为实现人的本质，必须突破这种力量。为了突破这种力量，必须在承认个体差异的基础上而不是在消灭个体差异的基础上，即在自由的基础上而不是在必然的基础上，寻求个体和整体的统一。于是这样的一种寻求，也就成为一切人的需要中最基本最普遍的需要。满足这种需要的活动，也就是追求真、善、美的活动。真、善、美的统一是自由。④

---

① 冯友兰：《三松堂全集》（第4卷），第553页。

② 同上书，第554页。

③ 刘纲纪：《传统文化、哲学与美学》，桂林：广西师范大学出版社，1997年，第412页。

④ 高尔泰：《美是自由的象征》，北京：人民文学出版社，1986年，第23页。

　　马克思在《手稿》中指出："动物只生产自身，而人在生产整个自然界；动物的产品直接属于它的肉体，而人则自由地面对自己的产品。动物只是按照它所属的那个种的尺度和需要来构造，而人懂得按照任何一个种的尺度来进行生产，并且懂得处处都把内在的尺度运用于对象；因此，人也按照美的规律来构造。"[1] 马克思在《资本论》中也强调指出，在共产主义社会，"社会化了的人，联合起来的生产者，将合理地调节他们同自然之间的物质交换，把它置于他们共同的控制之下，而不让它作为盲目的力量来统治自己；靠消耗最少的力量，在最无愧于和最适合于他们的人类本性的条件下来进行这种物质交换。但是不管怎样，这个领域始终是一个必然王国。在这个必然王国的彼岸，作为目的本身的人类能力的发展，真正的自由王国，就开始了"[2]。所以说，自由是真、善、美的统一。

---

① 马克思、恩格斯：《马克思恩格斯选集》（第 1 卷），第 57 页。
② 马克思、恩格斯：《马克思恩格斯全集》（第 25 卷下），北京：人民出版社，1974 年，第 926—927 页。

第四章　博雅教育的现状分析

博雅教育发展较为完备的是英国与美国，其中美国主导了现代的博雅教育，因此，对于英国和美国博雅教育的研究尤为必要。英美两国博雅教育的不同在于：美国具有专门的博雅教育课程设置，而英国则是把博雅教育贯穿在专业教育中。英国牛津大学和曼彻斯特大学的博雅教育较为成熟；美国的文理学院对于欧洲的博雅教育理念的传承极具代表性，并为美国输送了大量的精英人才，另外，美国康奈尔大学的博雅教育也成效显著。本章拟对国内外高校博雅教育的典型案例进行分析，尝试推动新时代博雅教育的中国化。

一、英美案例研究

在英国大学的博雅教育理论研究与教育实践过程中，博雅教育的一个特点是理念的内涵在不断深化。其代表人物如赫胥黎的思想主要集中在科学教育，他认为自由教育可以作为科学教育的一部分；纽曼则认为大学要教授普遍知识，而神学知识也属于普遍知识；利文斯通推崇古典教育，并提倡科学教育；怀海特则更为辩证地处理了技术教育与自由教育之间的关系。博雅教育理念内涵的发展对英国的博雅教育产生了深刻影响。

英国博雅教育的另外一个特点就是联合专业课程设置的多元化，通过宽广的专业设置面，开设具有特色的联合专业课程来实现博雅教育理念。联合专业有双科专业和三科专业，打破了原有专业课程的设置，这种设置在拓展学生知识面的同时，更为职业选择的多元化提供了知识基础。而联合专业课程的开设可以增进学生选择的自主化程度，调动学生的主观能动性，激发学习热情。

（一）牛津大学

在 12、13 世纪英国高等教育的发展过程中，古典大学一直占据主导地位。这种古典大学的代表是牛津大学。自中世纪到 19 世纪 50 年代，在以博雅教育为主的牛津大学，专业教育包括神学、医学、法学等几乎并未得到重视，但牛津大学一直坚守着博雅教育理念。

在教育教学实践中，博雅教育并未单列出来，但是博雅教育贯穿专业教育始终。尤其是联合专业的设置，打破了单一专业学生思维习惯的局限性，让学生朝着更为全面的目标发展。下文以历史和经济学专业、物理学和哲学专业两个具有代表性的联合专业为例，分析其培养目标、课程设置、课程框架和课程实施。

1. 历史与经济学专业

（1）培养目标

联合专业的优势在于学生可以在同一时间内学习两种不同学科的知识，在这些知识的学习中，历史学知识的学习可以培养学生的横向思维能力，经济学知识的学习可以培养学生的逻辑思维能力。经过这样的课程及思维训练，学生在处理问题时既有历史学家的思维严谨性，又能够通过经济学定量分析方法进行数据处理，这些无疑为未来工作打下坚实、深厚的基础。从牛津大学历史与经济学专业的毕业生的就业方向来看，多数供职于管理咨询、教育、公共服务、工业、法律、银行和外交等行业，这种宽就业面得益于使学生具有竞争优势的知识技能和专业素养。

（2）课程设置

牛津大学这一专业的课程并没有明确的规定和限制，只是设定了大致的方向，为学生提供尽可能多的可能性。学生拥有较为自主的选择权：学生可以在课程设置的基础上，根据自己的个性去制订课程计划。

（3）课程框架和课程实施

牛津大学历史与经济学专业的课程框架和课程实施见表4.1.1-1。

表 4.1.1-1　　牛津大学历史与经济学专业的课程结构

学年	课程框架	课程实施（考核）
第一学年	主修四门课程： 经济学导论 欧洲及世界史（四个方向可供选择） 历史方法论；历史编纂学：从塔西佗到韦伯；外文文本研读 1750—1870年英国和法国的工业化进程（或任何其他历史选修课）	大学开学初考试： 四门课程以笔试形式考核
第二、三学年	完成经济学和经济史的核心课程 完成经济学论文： 世界经济自1800年以来的发展 至少包含微观经济学、宏观经济学、数量经济学其中一个方向 另外两篇经济学论文，要么来自上述方向，要么自选主题 完成历史学论文： 分析英国历史或世界通史中的一段时期 一篇必修大论文： 经济史领域原创研究性论文 其他小论文可选方向： 从历史学中挑选两个主题 从经济学中挑选两个主题 从历史学和世界通史中各挑选一个主题 从历史学和经济学中各挑选一个主题	大学毕业考试： 七次笔试和一篇毕业大论文 或者六次笔试和一篇小论文 再加一篇毕业大论文

资料来源：https://www.ox.ac.uk/admissions/undergraduate/courses-listing/history-and-economics8 April 2021 updated

2. 物理学与哲学专业

牛津大学的物理系是英国最大的物理系之一，哲学系的规模也是英国最为庞大的。牛津大学的物理学与哲学专业把最具人文色彩的哲学与最具理科色彩的物理学结合在一起，形成联合专业，代表了牛津大学博雅教育的特色。

（1）培养目标

该专业充分体现了牛津大学的博雅教育理念。在课程选择上，学生享有极大的自主权。而在两门不同学科的课程学习中，符合博雅教育培养具有广博知识的学生的目标，特别是文理跨学科的融合。

"在牛津大学物理学与哲学专业中，有 40% 左右的学生继续研究生学习，比工程学专业的数据多出 10%"[①]，表明这一专业的本科学习被学生作为进行深层次研究的基础性学习，是博雅教育中不突出专业教育、注意文理交融的最好体现。

（2）课程设置

在课程的设置上，充分考虑物理学与哲学不同学科的特点，增加了较多的物理学基础性课程，而根据哲学的学科性质，在课程设置上与物理学相反。

（3）课程框架和课程实施

牛津大学物理学与哲学专业的课程框架和课程实施见表 4.1.1-2。

表 4.1.1-2　牛津大学物理学与哲学专业的课程结构

学年	课程框架	课程实施（考核）
第一学年	物理： 经典力学和狭义相对论 微分方程和线性代数 微积分和波 哲学： 演绎逻辑基本要素 哲学概论 物理学哲学导论	大学开学初考试： 三篇物理学论文 两篇哲学论文
第二学年	物理： 热物理学 电磁学 量子物理学 数学方法 物理实习 哲学： 早期现代哲学或知识与现实 狭义相对论	大学毕业考试 A 部分： 三篇物理学论文 令人满意的实验室工作

① 许园：《英国大学博雅教育理念及其课程研究》，硕士学位论文，安徽大学，2016 年。

（续表）

学年	课程框架	课程实施（考核）
第三学年	物理：（下列课程任选两门） 对称性和相对性 广义相对论 经典力学 哲学： 科学哲学 量子力学哲学 完成两篇以下领域的论文或课题： 原子物理学和激光学 计算和实验项目 凝聚物理学 流体学 核物理与粒子物理 或是自选主题完成一篇哲学论文	大学毕业考试 B 部分： 三到四篇哲学论文 两到四篇物理研究课题
第四学年	研究学年： 从物理学和哲学列表中自选三个主题进行研究，高级物理哲学研究为必选主题	大学毕业考试 C 部分： 三篇融合哲学和物理学的小论文，或是哲学方向的大论文，或是物理学方向的大课题

资料来源：https://www.ox.ac.uk/admissions/undergraduate/courses–listing/physics–and–philosophy8 April 2021 updated

（二）曼彻斯特大学

作为英国顶尖的大学之一，曼彻斯特大学很多课程的设置都体现了博雅教育理念。作为有着近两百年历史的合并大学，曼彻斯特大学的前身是曼彻斯特欧文斯学院和曼彻斯特机械学院。曼彻斯特大学是服务社会经济的大学，其教育重点是科学技术教育。随着英国经济社会的不断发展，曼彻斯特大学的方向和目标逐渐转向古典大学，随之逐步开设人文社会学科课程。就曼彻斯特大学拓展的学科来看，其培养目标指向人才的全面发展，因而，其教育的目标与内容也更加贴近博雅教育了。曼彻斯特大学在满足经济社会发展需求的基础上，实现课程上的文理兼顾，并逐步提升大学内在科研学术水平，将博雅教育充分贯彻于专业教育之中。其中较具特色的是机械工程与管理专业（Machanical Engineering with Management）、综合预科课程[①]、发展研究专业（Development Studies）。

1. 机械工程与管理专业

机械工程与管理专业是曼彻斯特大学极具特色的联合专业，将社会科学学科管理学融入机械工程专业，充分体现了英国博雅教育文理兼顾的理念，也体现了将博雅教育寓于专业教育的理念。这样培养出来的学生既具有机械工程的专业知识，能够获得与机械工程相关的高水平的技能，也具有管理、建模等分析问题和解决问题的能力。

因此，该校机械工程与管理专业的毕业生在就业方面具备了多元化的优势。这个专业培养出来的学生既可以是研究型工程师，也可以是一名设计工程师，或者是一名生产型、建筑型的工程师，甚至可以是一名项目经理。而在实际的就业统计中，曼彻斯特大学机械工程与管理专业的毕业生越来越多地从事商业、金融和管理等行业的工作。

2. 综合预科课程

综合预科课程也体现了博雅教育的理念，在一年的学习中，让学生深入了解相关的专业知识，并为进一步的学习做准备。曼彻斯特大学四种综合预科课程都打破了学科专业界限，为学生提供新的学习机会；并通过文理的融合，综合培养全面的人才。曼彻斯特大学较为开放的综合预科课程模式不仅为学生提供了更多的选择自由，也很好地体现了英国大学博雅教育理念。具体课程见表 4.1.2-1。

表 4.1.2-1 曼彻斯特大学综合预科课程

预科课程	学生范围	未来出路
工程综合预科	机械工业、化学工程与分析科学、土木工程、电气与电子工程	可以进入航天工程、化学工程、土木工程、电气与电子工程、机械工业、材料科学与工程等工程类专业深造

[①] 综合预科课程包括：工程综合预科课程（Engineering with an Integrared Foundation Year）、药剂学综合预科课程（Pharamacy with a Foundation Year）、生命科学综合预科课程（Life Sciences with a Foundation Year）、科学综合预科课程（Science with an Integrated Foundation Year）。

（续表）

预科课程	学生范围	未来出路
药剂学综合预科	经过专业学习的本科生	读药剂学五年制的硕士学位
生命科学综合预科	申请学生之前所学多与生命科学完全没有关系，例如在艺术、语言或社会科学拿到英国高中课程（简称 A-Level 课程）证书的申请者，或者已经离校工作一段时间但又回校学习的申请者	在经过预科课程的学习后，就能获得学习生命科学专业的资格
科学综合预科	可以在工程和物理科学学院选择化学、计算机科学、地球科学、环境科学研究、数学、物理学、天文学等专业进修	

曼彻斯特大学综合预科课程的设置具备文理交融的特色，体现着博雅教育的理念。首先，申请学生的背景具有多样性。不管是什么教育背景或学科专业，申请者可以通过综合预科课程的学习，获得进入理工学科专业深造的机会。其次，课程的辐射面比较大。通过学习，可供学生选择的学科范围扩大，这种学位进修的模式，体现了文理交融的博雅教育特点。而课程目标都是发展心智、养成理性，进而实现人的全面发展。

3. 发展研究专业

曼彻斯特大学的发展研究专业在英国名列前茅，同时，曼彻斯特大学也是英国发展研究中心。其发展研究专业的课程涉及经济学、经济与政治、哲学、社会学等。这个专业各个学年设置的通选课程都在不同程度上体现着博雅教育的理念。第一学年的课程主要是与经济学交叉的课程，包括：经济学与政治学、经济学与社会学、经济学与哲学；第二学年的课程则需要更加深入地学习自己选择的专业，可以选择单独的专业，也可以选择联合专业；第三学年选择单一专业则需要满足该专业的一定的学分，选择联合专业则对联合专业中侧重专业的分数有一定的要求。具体课程见表 4.1.2-2。

表 4.1.2-2   发展研究专业第一学年部分交叉课程

交叉数量	学科类别	课程
两门	经济社会学	计算社会科学；全球化的历史视角
	政治经济学	全球经济政治

（续表）

交叉数量	学科类别	课程
	经济统计学	经济学统计基础；经济学统计应用
	经济人类学	商务人类学入门；消费者、公司和文化
	社会人类学	社会人类学思想关键
	文化人类学	权力与文化；日常生活的不平等；全球视野下的文化多样性
	经济史	英国工业化的起源；英国经济和社会：1700—1914 年的历史
	犯罪社会学	犯罪与社会学
	传媒社会学	社会化媒体认识
三门	心理犯罪法学	心理学、犯罪和刑事司法学
	社会文化传播学	媒体、文化与社会

资料系统：由 http://www.manchester.ac.vk(2016–03–08) 相关数据整理。

　　"学生经过第一学年的课程学习后，会形成宽厚的专业基础。这些联合课程的开设打破了学科领域的界限，培养学生融会贯通的逻辑思维方式，将多学科、多元化的思维应用到平时的生活学习中，充分体现了英国大学博雅教育的'小'博雅教育理念。"[1]

　　发展研究专业第二学年课程共86门，要求学生必须修满120学分。在这一学年，学生具有较大的自主选择权。学生可以选择单个专业，专业内的课程需要修满80学分，剩下的40学分，必须从经济学课程中选择。学生也可以选择联合专业，可以根据自己的兴趣自由分配两个专业的课程比例。课程比例分配自由也体现英国大学的博雅教育理念。"第二学年虽然有部分课程与第一学年课程重合，但课程深度和广度都在不断增加，注重知识的连贯性和拓展性，有利于培养学生的逻辑思维能力，训练学生的心智。这也是英国大学博雅教育理念人才培养的要求之一。"[2]

　　发展研究专业的第三学年，学生还须修满120学分。课程设置更注重

---

[1] 许囡：《英国大学博雅教育理念及其课程研究》，硕士学位论文，安徽大学，2016年。
[2] 同上。

专业性和综合性，提高学生所学内容的深度，拓宽学生的知识面。同时，课程知识集中社会热点，使学生可以学习到更前沿的知识，关注到当今社会正在聚焦的热点，潜移默化地培养学生的社会认知能力和社会责任感，有利于培养关心社会、关注生活的公民。这也是当前英国大学博雅教育所追求的培养目标。

　　发展研究专业的毕业生具有跨学科的思维与视野，具有学位选择的权利，可以申请经济和社会研究（荣誉）学士，也可以申请经济学学士。这种灵活的学位制度给予学生自主选择的权利，同时，学生可以根据自己的意愿去选择学习最感兴趣的主题。曼彻斯特大学发展研究专业的培养目标是使学生具有健全的人格、社会责任感、创新的精神和实践的能力、终身学习的能力和愿望、良好的环境意识和信息素养等，这也是英国大学进行博雅教育的最终目标。具体课程见表 4.1.2-3、4.1.2-4、4.1.2-5。

表 4.1.2-3　　曼彻斯特大学发展研究专业第一学年课程

课程名称	学分	必修／选修
金融学原理		
财务报告原理 A		
管理会计学原理		
高等数学		
发展研究入门		
微观经济学原理		
宏观经济学原理		
基础数学		
高等数学	10	选修
高级统计学		
英国经济——微观经济学		
英国经济——宏观经济学		
深入统计学		
社会科学计算		
权力与文化：日常生活的不平等		
全球视野下的文化多样性		

（续表）

课程名称	学分	必修／选修
学习技巧（经济学学士）–2 学期		
学习技巧（经济学学士）–1 学期		
经济学统计基础		
经济学统计应用		
英国工业化的起源：英国经济和社会 1700—1914 年的历史		
全球化的历史视角		
犯罪与社会学		
犯罪学研究方法		
刑法（犯罪）		
刑事司法基础		
心理学、犯罪和刑事司法学		
赖以生存的价值观		
批判性思维		
哲学史		
发现现实		
心灵与世界		
哲学与社会科学		
比较政治学入门（一）		
比较政治学入门（二）	20	选修
政治意识		
英国政治：权力与国家		
全球经济政治		
国际政治入门		
政治理论入门		
社会人类学思想关键		
商务人类学入门：消费者、公司和文化		
全球化背景下的英国社会		
社会思想基础		
当代社会思想		
媒体、文化与社会		

（续表）

课程名称	学分	必修／选修
媒体革命		
个人生活社会学		
工作、组织与社会		
社会化媒体认识		
不平等的社会——健康、幸福与快乐		

表 4.1.2-4　　曼彻斯特大学发展研究专业第二学年课程

课程名称	学分	必修／选修
发展经济学 IIA		
发展经济学 IIB	10	必修
金融学原理		
财务报告原理 A		
管理会计学原理		
财务报表分析		
金融市场和机构		
商务信息系统入门		
商业法 1：法学，工商负债和消费		
发展研究入门		
英国经济——微观经济学		
英国经济——宏观经济学		
环境经济学 IIA		
高等数学		
深入统计学		
商业经济学 IA	10	选修
商业经济学 IB		
微观经济学 IIA		
微观经济学 IIB		
宏观经济 IIA		
宏观经济 IIB		
环境经济学 IB		

（续表）

课程名称	学分	必修/选修
经济学公共政策		
英国法律入门（非法律专业学生）		
当今中国政治		
比较欧洲政治		
法国第五共和国		
德国国家政治		
地中海政治		
职业管理技能（经济学学士/社会科学学士）		
经济学统计应用		
财务报告和问责		
中级管理会计		
金融学基础 A		
管理经济学 I		
经济学		
数理经济学 I		
欧洲的危机与繁荣（1913—1973）		
刑法（犯罪）		
刑事司法基础		
心理学、犯罪和刑事司法学		
警务和警察		
解释犯罪和越轨行为		
犯罪学的数据访问和认识		
犯罪学家的数据分析		
认识处罚		
犯罪学与刑事司法行为		
宗教哲学		
形式逻辑		
洛克－贝克莱－休谟		
伦理学		
20 世纪的分析哲学		

（续表）

课程名称	学分	必修／选修
科学哲学		
心灵哲学		
现象学		
哲学方法		
美学		
政治理论入门		
安全性政治		
国际政治问题		
1940 年以来英国的政治与社会：从闪电战到大社会		
政治争论：世界政治理论		
全球化政治		
发展政治学		
政治政策制定		
社会正义的理想	20	选修
性、性别和亲属关系		
宗教人类学		
政治经济人类学		
社会思想基础		
当代社会思想		
流行音乐社会学		
自然、环境与风险社会学		
工作、经济和社会		
社会网络分析		
教育与社会		
时尚社会学		
定性研究设计与方法		
可持续发展、消费和全球责任		
新媒体		
全球移民		
自我与社会		

（续表）

课程名称	学分	必修／选修
性别、性倾向和文化		
英国的种族主义和种族		
社会研究的调查方法		
调查设计和分析的要点		

表 4.1.2-5 曼彻斯特大学发展研究专业第三学年课程

课程名称	学分	必修／选修
股票价格与会计信息		
问责和审计		
高级商业信息系统		
数字化改造案例研究		
语境中的公司治理		
金融工程	10	选修
企业承包和管理行为		
环境经济学 IIA		
自然资源经济学		
发展经济学 IIIA		
气候变化经济学		
发展经济学 IIIB		
当今中国政治		
金融基础 A		
财务报告和监管中的当代问题		
国际金融		
高级公司金融		
高级管理会计		
计量经济学		
发展研究论文		
原理、观点和实践		
警务和警察		
解释犯罪和越轨行为		
认识处罚		

（续表）

课程名称	学分	必修／选修
药品与社会		
从监狱到康复		
反恐		
犯罪和大规模暴力		
青年司法与青少年犯罪		
社会正义的理想		
论文 B	20	选修
新闻媒体和国际危机		
国际政治经济学入门		
性别、战争与军国主义		
非洲和全球政治		
全球资本主义、危机与反抗		
战争记忆与东亚和解		
国界、身份、国籍		
国际关系的恐惧和厌恶：身份和差异的问题		
性别、机构和金钱：性别化国际政治经济学		
政治经济人类学		
科学、魔术和专业技能的人类学		
医学人类学		
发展人类学——国歌的国际发展：行善的专长		
中东地区社会人类学的当代问题		
现代国家的人类学		
城市社会学		
论文（20 学分）		
人口学的理论与方法		
社会不平等建模		

资料来源：http://www.manchester.ac.uk/

（三）美国文理学院

博雅教育起源于欧洲，近代以来却在美国的文理学院如火如荼地发展起来。美国的文理学院对于西方博雅教育理念的传承极具代表性，这类院校在不同时期为美国社会培养了大量精英人才，截至目前，"全美大约3%的大学生毕业于文理学院，却培养了19%的美国总统"①。

近百年来，西方博雅教育理念始终以体制化的形式存在于美国文理学院中，文理学院是美国独具博雅特色的一类院校，随着美国高等教育的日益多样化，以博雅文理教育为使命的学院不断受到冲击，但仍旧存在着少数优质的文理学院始终坚持着自己的博雅特色传统，在美国高等教育系统中占据着独有的位置。

1. 博雅教育的培养目标

"美国私立文理学院是为学生提供文理科的四年基本教育，毕业后给学生发放非职业的学士学位的一类院校，这类学校的主要办学目标是对于学生的领导能力、多方面的职业准备能力、个性及人格的发展，以及文化的传承能力等的培养。"②博雅教育的最终目标是关注个人的发展，并不是为具体的职业做准备。在古希腊时期，博雅教育培养的目标是塑造能够参与到民主社会的市民；而现代教育则是要为学生融入社会做准备。因此，在现代博雅教育实施的过程中，不强调专业教育，而是注重大学生人格的养成和能力的培养；不关注眼前利益，而是强调大学生的终身发展。

以美国文理学院中的名校威廉姆斯学院为例，学院力图为学生提供最好的博雅教育，在学术水平、公民道德水平，以及个性塑造上为学生做好各项教育支持和服务，学术水平方面的培养包括让学生掌握更广更深的知识的探索能力，以及批判思维能力、理性思考能力、清晰表达能力和创造性思维等。公民道德方面的培养包括一系列相关的生存技能，以及学生对于公共领域和社区生活的道德规则的恪守。以上这两大方面品格的培养都对学生的性格特征塑造有一定的积极影响，比如自由的探究需要开放的思想，对社会规则的恪守需要去学会关心他人等。③

现在几乎没有人可以预言踏入校园的本科生在十几年甚至几十年后究

---

① 闫妍：《当代美国文理学院博雅教育特色研究——以威廉姆斯学院为例》，硕士学位论文，哈尔滨师范大学，2016年。

② 同上。

③ 同上。

竟会做什么职业，所以没有理由去教授他们仅一项固定的职业技能，或者固定的知识、死板的公式，威廉姆斯学院试图教授学生全能的、多方面的、持久性的知识和技能，培养学生的开阔思维、创造性思维和应变能力、适应能力，这也正是博雅教育始终强调的重点所在。为了达到以上的教育目标，学院始终立足于扩展授课课程科目的广度，为学生提供更多的学习机会，重视教师对学生的关注度，同时也鼓励学生进行自己的独立研究。威廉姆斯学院重视培养个性化的社会精英人才，但是更注重培养的是优质的、道德的、心怀他人的社会公民。[①]

因此，威廉姆斯学院博雅教育在目标设定上呈多元化特点，表现在更注重可持续性的教育目标、过程式的教育目标、创新思维式的教育目标、经典文化式的教育目标与文体兼顾式的教育目标。其中，可持续性的教育目标表现为跨学科、多领域的知识内容；过程式的教育目标则是把学习过程放在首位，认为学习的最大回报就是其过程本身；创新思维式的教育目标表现在培养的学生不循规蹈矩，不按常规思考，有自己的见解和新意；经典文化式的教育目标是重视经典文学作品的熏陶，鼓励学生阅读和领会经典；文体兼顾式的教育目标表现了对于体育课程的重视，认为其地位等同于其他文化知识。

2. 博雅教育的课程设置

美国文理学院博雅教育的特色还体现在课程的设置上。如表 4.1.3-1 所示，除去哈佛大学，另外九所大学通识课程中人文科学、社会科学和数理自然科学课程数量占比的平均值分别为人文科学 24%、社会科学 34%、数理自然科学 41%。值得注意的是，其中五所大学都设有数学或定量推理课程。

表 4.1.3-1   美国十所高校的课程设置

大学	类别	知识性课程类别	占比
加州大学洛杉矶分校	人文	人文科学基础	33%

---

① 闫妍:《当代美国文理学院博雅教育特色研究——以威廉姆斯学院为例》，硕士学位论文，哈尔滨师范大学，2016 年。

（续表）

大学	类别	知识性课程类别	占比
	社会	社会科学基础	33%
	自然	自然科学探究	33%
威斯康星大学	数理自然	定量推理，自然科学	40%
	人文	人文科学，社会科学	20%
	社会	种族研究	40%
伊利诺伊大学	人文	人文科学	20%
	数理自然	自然科学/技术，定量推理	40%
	社会	社会/行为科学，文化研究	40%
加州大学戴维斯分校	人文	人文科学	25%
	自然	自然科学与工程	25%
	社会	社会科学，社会文化差异	50%
华盛顿大学	人文	视觉、文学及表演艺术	25%
	社会	个人与社会	25%
	数理自然	自然界，定量与定性推理	50%
哈佛大学	—	跨学科课程，拓宽性课程	—
麻省理工学院	自然	自然科学，科学与技术（限制选修），实验	75%
	人文社会	人文、艺术与社会科学	25%
斯坦福大学	自然	自然科学，应用科学和技术，数学	25%
	社会	人文与社会科学，人类社会初步	50%
	人文	世界文化，美国文化及性别研究	25%
芝加哥大学	人文	人类与文明研究	33%
	自然	自然科学与数学	33%
	社会	社会科学	33%
康奈尔大学	数理自然	自然科学，定量分析	50%
	社会	社会科学	25%
	人文	人文科学	25%

以上资料采自刘少雪《美国著名大学通识教育课程概况》,《比较教育研究》2004 年第 4 期。①

---

① 转引自张亮《"自由学科"与知识的整体性——我国当前通识教育、博雅教育中的课程设置问题》,《湖南科技学院学报》2015 年第 6 期。

美国文理学院的课程设计是为了提高学习的深度和广度，并超出人文社会科学的范围，涉猎自然科学领域。因此，其课程设置重视学生优良品行的培养、批判性思维能力及多元文化理解能力的养成等，并且为学生提供全面的核心课程，安排较为合理的课程结构。

3. 博雅教育的课程实施

整体性是博雅教育课程所关注的。整体性要求关注课程和教学法，同时也关注制度和管理。而在具体的制度化安排上，要求大多数相关参与者包括教师、学生、管理者、领导者等了解、行使和接受这种制度，学校的各个层面都要自觉践行博雅教育。

博雅教育课程实施过程中关注学生的自主选择。设置课程基于多样化的基础，让学生具有选课的自由；在专业领域的选择上，让学生灵活选择充分体现出对受教育者能力的信任和对继续学习的重视。《耶鲁报告》认为："美国实行的博雅教育模式的优越性在于鼓励个人选择、促进人才多元化、增进社会包容性。这些价值进而成为高层次的国民素质的基础。"①

以学生为中心的教学互动。博雅教育实施的教学法，不是单向的教授而是互动，鼓励学生质疑种种假设和结论，互相学习，使学习的经历民主化。在博雅教育中，课堂不再是唯一的教学场所，丰富多彩的课外活动助力学生学习与成长，社团活动、社区服务、国际交流和参与科研等，都是美国文理学院为学生创造的学习环境。同时，高度个性化的培养又使得每位学生都能拥有与众不同的大学学习经历。

凸显教师的重要作用。博雅教育鼓励学生挑战假设，教师不再垄断知识。因此，博雅教育对教师的教学要求非常高。教师为了应对学生的提问，要花大量的时间准备课程大纲，阅读文献资料，还要批改大量的书面作业并给学生提供及时反馈。实施博雅教育的美国文理学院往往生师比较低，一般在10∶1左右，这有助于开展小班化教学，加上导师制和住宿制的辅助，更容易增强师生互动，实现面对面的深度交流，从而促进学生的个性发展与能力的提升。

---

① 钱宏：《大学教育应承担培育国民精神自立的责任——读〈耶鲁1828报告〉》，http://blog. sina. com. cn/s/blog_4d612e9701001cfy. html。

4. 潜在课程

在美国，博雅教育的潜在课程包括校园文化、学术探讨以及师生关系等，这些课程尤为重要，例如，在住宿式学校中，校园文化建设与师生良性互动对学生的教育意义极大。以威廉姆斯学院为例，学习社团、实践课堂、专题报告式辅导和留学培养等作为潜在课程有助于博雅教育目标的实现。

综上，中国在高等教育模式改革过程中，引进博雅教育模式、创办文理学院，势必会为改革提供更多的可供选择的人才培养方法。但是，在引进的同时，需要注意的是，博雅教育源自西方社会的政治文化传统与价值观念。哈佛大学杜维明教授认为："美国教育体制的精髓是自由教育（博雅教育）的四年制的文理学院。美国的根本精神和西方文化的精髓在自由教育（博雅教育）的文理学院中。"[1] 所以，在引进博雅教育过程中，需要注意扬弃与汲取。因此，在辩证基础上汲取其进步的元素，并加入中国元素，完成博雅教育的本土化移植显得尤为重要。

（四）美国康奈尔大学

康奈尔大学是世界公认的一流研究型大学，其最大的创举在于它独特的办学风格和理念。"康奈尔大学非常注重本科生的教育与培养，博雅教育是其本科教育的重要理念。康奈尔大学规定所有本科生入学后需先接受两年博雅教育，旨在让学生通过前两年博雅学科课程的学习发现自己的学习兴趣和研究方向，再进入各专业领域进行深度学习，使学生最终在各个领域获得合理的知识与能力构成，成为一个完整的人。"[2]

1. 博雅教育的培养目标

学生需完成一系列普适性课程并达到以下几方面的能力要求：

第一，熟悉人文科学、社会科学、数学和自然科学等不同学科领域的知识、方法；

---

[1] 钱宏：《大学教育应承担培育国民精神自立的责任——读〈耶鲁 1828 报告〉》，2012-04-24，http://blog.sina.com.cn/s/blog_4d612e970100lcfy.html.

[2] 蓝秋香：《美国康奈尔大学本科博雅教育的理念、课程设置与特点》，《重庆高教研究》2013 年第 2 期。

第二，文化广度（包括地理和历史的）；

第三，有效的写作能力和数量分析能力；

第四，较好地掌握一门外语；

第五，创造力和批判性思维能力。[①]

2. 博雅教育的课程设置

康奈尔大学本科生要获得学位一般要修习写作研讨课、外语课、博雅学科课程、主修和辅修专业课、任意选修课等规定的课程。

（1）写作研讨课

写作研讨课的最大特点在于将其定位为基于学科的写作（Writing in disciplines）。开设课程涉及人文、社科、艺术、科学等，由学生任意选择。每个学生必须完成1~2门写作课，实行小班教学，需要完成大量的作业，包括6~7篇的作文和每周75页的阅读量。

（2）外语课

学校共开设40多门的外语课程，学生通常需要达到两种外语要求的其中一种。一是完成3个及以上学分的非指导性外语课程的学习，且达到一定的水平；二是选修康奈尔的外语课程，要求至少修满11个学分，通常学3个学期。

（3）分类必修课

分类必修课共分为7类，要求学生完成这7类课中至少9门相关课程的学习。

① 学生至少要完成2门物理和生物科学方面的课程。

② 完成数学与定量推理方面的1门课程。

③ 文化分析课程是研究特定文化背景下的个人行为和社会实践，主要话题有信仰系统（科学、医学、宗教），富有表现力的艺术和象征意义的行为分析（视觉艺术、表演、诗歌、神话叙事、礼仪），与身份相关的知识（国籍、种族、民族、性别），社会组织与机构（家庭、市场、社区），权

---

① 蓝秋香：《美国康奈尔大学本科博雅教育的理念、课程设置与特点》，《重庆高教研究》2013年第2期。

力与政治（州政府、殖民主义、不平等）。

④ 历史分析课程是解读政治、经济、外交、宗教、知识、艺术和科学的历史发展与变化，主题可专注于某个群体、国家或地区，某个事件、某个过程或某个时间段。

⑤ 知识认知和道德推理课程是从最广泛的意义上探讨人类知识的基础，从人与动物共有的认知能力，如感知，到抽象推理能力和道德判断能力的形成。该课程综合运用科学、认知心理学、语言学或哲学等各种方法论来探讨认知的来源、结构和局限性。道德推理课程探索关于正义的本质或人类的一般价值等方面的道德问题。

⑥ 文学与艺术课程是从两种不同但相关的方式来探讨文学和艺术。有些课程集中于艺术品的批判性研究和它们的历史、美学、理论的探讨；有些课程探讨个体成就、艺术传统和历史背景之间的相互作用；其他一些课程致力于艺术作品的创作与表演（创意写作、表演艺术、影视媒体），这些课程强调技巧、知识认知和创造性之间的互动关系。

⑦ 社会与行为分析课程是运用假设检验、科学抽样技术和统计分析等社会科学方法研究在社会背景下的人类生命。研究主题的范围从个体的思想、情感、信仰、态度与个体之间的关系（友情、爱情、矛盾等）到更大的社会组织（家庭、社会、宗教、教育、民间组织、经济、政府等）之间的关系、矛盾与冲突等。

二、国内案例研究

国内案例我们选取三种类型的学校进行分析研究，第一类是香港的大学。香港的大学受西方教育影响较大，博雅教育的实施也具有特色。第二类是北京大学、清华大学等名校，近些年，这些名校率先实施博雅教育。第三类是福建的一些高等院校，以福州大学的工科专业为例，并与福建的其他工科院校的课程设置进行比较，发现这些学校博雅教育实施较为欠缺。

（一）香港岭南大学

1. 博雅教育的培养目标

博雅教育的培养目标是帮助学生开阔视野，培养他们对道德、市民责任和人类责任的理解与担当。总的来说，博雅教育的学习使学生认识到快速变化的社会和技术革新所带来的挑战，并为应对这些挑战做好准备。具体来说，博雅教育的培养目标包括三个方面：

一是使学生在日常的学习和生活中能够有逻辑地思考和分析问题；

二是使学生具有道德敏感和责任心，能够做出理性的价值判断；

三是使学生具有发展更强的文化意识和文化特质的能力。[①]

2. 博雅教育的课程设置

博雅教育的课程通过完美融合专业教育和通识教育来实现，独具特色的专业课程和通识教育课程则是博雅教育实施的重要依托。"博雅教育课程安排以学分制为基础，各个专业除了专业必修课和专业选修课之外，英语、中文和通识教育科目也是必须要完成的学分。在满足四年学制 120 个学分要求的前提下，岭南大学课程结构包括：主修课程、核心课程、自由选修课程、英语、中文。其中主修课程按专业类别分为三大类：人文课程、社会科学课程和商务课程。核心课程即通识课程。"[②]

香港岭南大学的通识课程由两大部分组成，即公共核心课程和 5 个课程系列（见表 4.2.1-1）：

表 4.2.1-1　香港岭南大学通识教育课程[③]

通识课程	公共核心课程	逻辑与批判思维	—
		香港社会发展	—
		道德伦理	—
		世界史和世界文明	—

---

① 王晓辉：《香港岭南大学博雅教育的课程特色及其启示》，《世界教育信息》2010 年第 3 期。

② 张富洪：《关于高职师范教育开设博雅教育核心课程的思考》，《当代教育论坛》（综合研究）2011 年第 5 期。

③ 王晓辉：《香港岭南大学博雅教育的课程特色及其启示》，《世界教育信息》2010 年第 3 期。

（续表）

5个课程系列	创造与创新	各类媒体写作，创新思维，企业家素质，创造经济学，创造与个体差异，理论与应用
	人文学科	全球语境下的中文文学，汉语通论，中国文学经典选读，媒体读写，跨文化文学研究，艺术的起源与功能
	管理与社会	中国的法制系统，缴税追因，个人理财，共同社会责任，中国传统思想与管理，比较经济与社会系统，压力管理、健康与生活的平衡
	科学、技术与社会	色彩科学与数码应用，当代数学读写，现代社会统计，社会、经济指标解读，香港的生态、科学和社会
	价值、文化与社会	跨文化交流与城市生活，西方视角里的中国，香港的视觉文化，全球事务的再思考，伟大社会思想家解读

3. 博雅教育的选课原则

香港岭南大学采取的是学分制，入读本科的内地学生需要花四年时间修读120学分。在选修课程的比例结构中，主修课程占总学分的40%，共48学分；核心课程占27.5%，共33学分；自由选修课占17.5%，共21学分；英文占10%，共12学分；中文占5%，共6学分（见图4.2.1-1）。非内地学生则只需要三年的学习，修读90学分就可以毕业。

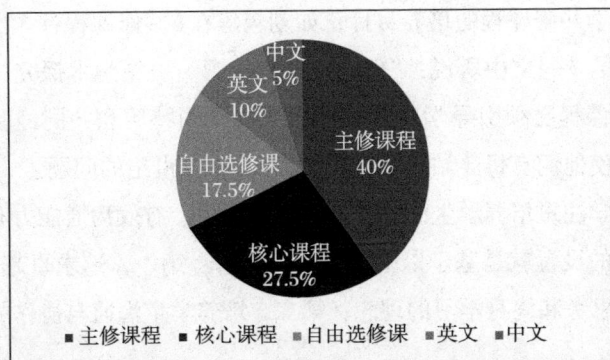

图4.2.1-1 香港岭南大学课程结构

本科生的总选课模式包括：专业主修（必修＋必选修）-辅修（系内

选修 + 系外选修）- 通识教育 - 交际英语和实用中文。总之，丰富的课程设置与灵活的学分累计方式，为本科生进行选课提供了相当大的自由度。所有学生必须修读全部 4 门公共核心课程，5 个课程系列中每个系列至少修读 1 门课程。

其通识课程的选课遵循以下原则：第一，既重视专业课，也重视通识教育；第二，在课程设置上，确保学生对于文化与历史知识的学习，培养学生的道德责任担当，让学生形成批判思维能力和独立思考能力；第三，注重学生跨文化视野的形成；第四，各院系的专业课程，例如，学生通过社团活动，融入校园生活中，并根据不同的兴趣、爱好，加入有一定知识背景的社团，这类社团包括文学社、历史社、哲学社等，培养学生跨学科的知识格局；第五，将学生的课堂学习与校园生活密切结合，形成全员育人格局；第六，灵活设置必修课选课方式的灵活性，即必修课中有 1 门课是通过选修方式让学生进行选读，适当给予学生选择的自主性；第七，专业教育与通识教育一起成为博雅教育的重要载体。

（二）香港大学

香港大学的共修课程（Common Core Curriculum，CCC）是指共同核心课程或共同必修课程，秉承了"人文精神"与"博雅精神"相统一的课程观。

1. 共修课程的培养目标

香港大学共修课程的培养目标正如刘隽等在《共修课程：人文精神与博雅教育的融合》一文中所说："倡导正确价值观、引领学术探究、灌输学习智慧，强调课程必须引导学生认识领会人类共同特质和共同经验，从而拓宽学生视野使他们有机会站在更高位置去探讨 21 世纪的问题。"[1]

香港大学注重培养学生的思考能力、判断力、有效沟通能力和价值认知能力，课程的设置就是基于以上能力的再分解：第一，追求卓越学术成就，培养批判性思考和终身学习的理念；第二，培养学生沟通与协作的能力；第

---

① 刘隽、孟永红、林勋：《共修课程：人文精神与博雅教育的融合——香港大学 2010—2012 年共修课程建设计划述评》，《教育探索》2013 年第 3 期。

三，培养学生的领导能力；第四，培养学生成为具有全球化的视野；第五，培养学生的个人、专业道德；第六，培养学生应对新形势和新问题的能力。

2. 共修课程的课程设置

关于共修课程的课程设置，正如刘隽等说的："以国际化视角围绕港大教育目标将道德、沟通、科技、美学艺术、经济、新年、社会政治和发展等固定文化因素内容设计构建到共修课程中并辅之以多元化教学手段和合理的考核方式。原有人文和社会学、科学和科技、文人与价值观研究、资讯科技四大模块的课程，经统筹、剔除、新增后被拓展为科学与技术素养，人文科学，中国文化、国家与社会，全球议题等四大领域18个主题。"[1]这些主题的增加，既注重科学技术素养的培养，也注重人文素养的提高；既立足于中国文化，又注重社会现实；既关注国内发展，又注重全球视野的形成。从而，实现博雅教育广博知识与完善人格素养的培养目标。课程见表 4.2.2-1。

表 4.2.2-1　课程模块表[2]

领域	主题
科学与技术素养	科学的方法与本质
	科学、科技与社会
	科学、科技和全球议题
	日常生活的科学和技术
人文科学	创意艺术
	认识历史：过去与现在
	语文、沟通和社会
	思想、身体与精神
	批判思考：伦理与社会
中国文化、国家与社会	中国文化：思想、价值和生活方式

---

① 刘隽、孟永红、林勋：《共修课程：人文精神与博雅教育的融合——香港大学 2010—2012 年共修课程建设计划述评》，《教育探索》2013 年第 3 期。

② 同上。

（续表）

领域	主题
	中国文明：国家、社会和经济
	改变中的中国环境
	中国对现代化的探求
	21 世纪中国崛起：挑战与前景
全球议题	全球议题和地区生活
	全球管理的挑战
	全球化和经济发展
	全球伦理和公民权

3. 课程形式与课程实施

香港大学的共修课程有两种形式：一种是以学生为中心的体验式课程，一种是传统意义的讲授式课程。但是，课程设置以体验式课程为主。例如，2010 年的课程中体验式学习占了 67 门课的近 90%。体验式课程一般由 36 个课时构成，其中包括每学期 2 小时的讲座和每周 1 小时的师生互动，以及团队小组形式的其他学习活动（包括阅读、实地考察、小组项目、自学、参观等）。由于讲授式课程形式的无法替代性，因此，在将体验式学习纳入正式课程时，需要以讲座或者讨论完成讲授式课程的内容，这种做法在香港大学的共修课程教学中逐渐成为标准形式。

共修课程通过多元的教学方法，培养学生合作学习、多角度思考以及批判分析等能力，并通过体验式学习与合作学习发掘学生的领导能力。而体验式课程的学习方式包括问题导向的团队方式学习、成果导向的学习、辅助课程的学习以及导师指导等多种教与学的模式。

4. 共修课程的学习评价

与课程的教与学模式一样，共修课程的评价方式呈现出形成性与多元性。除传统的考试和测验外，共修课程还采取多种方式评价学生掌握知识和技能的情况。例如，考察阅读与讲座的笔记、田野调查报告、影片拍摄、小组研究项目展示等，一般在以下七种主要评价形式中至少选用三种：第一种，学习与工作量计算；第二种，团队项目成果评价；第三种，研讨发言质量评价；第四种，研究或项目调查；第五种，E-learning 学习表现；第六种，测验考试；第七种，作业、论文和报告。

（三）北京大学

1. 博雅教育的培养目标

北京大学原校长蔡元培认为，大学是研究高深学问的机关，大学的培养目标则是学生的独立人格。在实施体系上，北京大学采用文理兼容、共同必修和通科课程等。1949 年后，由于国际教育专业化的趋势，国内大学在综合性和丰富性上被削弱。20 世纪 80 年代之后，随着通识教育的盛行，北京大学开始按照"淡化专业，加强基础"的原则来制订教学计划。"基础类的理论学科、工具类的应用学科和普适类的社会学科开始跨越专业的藩篱，成为各个专业的通修课。"[1]北京大学在修订培养方案时提出"加强基础，淡化专业，因材施教，分流培养"的基本原则，强调思想、文化、专业素质的综合性和全面性。

2. 博雅教育的课程设置

在课程设置上，北京大学从 2000 年开始就全面实施本科生素质教育通选课。主要模式是低年级实行通识教育，高年级实行宽口径的专业教育，并实行在教学计划和导师指导下的自由选课学分制，实行弹性学制。[2]

3. 元培计划

北京大学的"元培计划"即具有博雅教育特征。2001 年，北京大学成立了"北大元培计划管理委员会"，并启动了"元培计划"。该计划一开始设置了有 10 多名学生参与的试验班，并于 2007 年成立元培学院，这是北大第一个非专业的本科学院。元培计划力图打造一种不同于中国其他大学的课程方式。参与元培计划的学生不是从高中直接进入未知的大学专业，而是可以任意选择自己感兴趣的专业，并可以更换。在课程的选择上，学生

---

① 王芬：《从国内高校看博雅教育的特点——以北大清华复旦中大等高校为例》，《湖北第二师范学院学报》2016 年第 9 期。

② 同上。

也拥有自主权。在 2001 年至 2009 年间，元培学院共招收了 1 445 名学生，其中 76 人是各省市的高考状元。元培学院的毕业生大部分会选择出国继续深造，与国际知名大学直接接轨。

（四）清华大学

1. 博雅教育的培养目标

清华大学注重学生的全面发展，把培养德智体全面发展的大学生作为主要目标，并强调德育教育。

2. 博雅教育的课程设置

清华大学的国学研究院，推行小班式教学，并鼓励课堂讨论。清华大学将课程分为三大类：自然科学、社会科学、人文科学。并进一步将课程设置为八大项，其中，自然科学包括基础科学、科学与艺术、应用科学等交叉领域，社会科学包括社会学、法学、教育学、心理学、管理学、经济学、性别研究、咨询等，人文科学则包括操作艺术、一般艺术、人文艺术、哲学宗教等。

（五）浙江大学

1. 博雅教育的培养目标

2000 年 5 月浙江大学竺可桢学院成立，旨在对优秀本科生进行"特别培养"和"精英培养"，是培养优秀本科生的基地。学院极具博雅教育特色，在教学目标上，旨在培养基础宽厚，知识、能力、素质俱佳的在专业及相关领域具有国际视野和持久竞争力的高素质拔尖创新人才和未来领导者。

2. 博雅教育的课程设置

浙江大学的特色班级设置也具有博雅教育的特色，例如，有"工科人才，理科培养"的混合班，有"中西贯通，文理交叉"的人文社科实验班，有采用"个性化，国际化"培养模式的求是科学班，还有"八年一贯，两段完成"的巴德年医学班等。①

---

① 闫妍：《当代美国文理学院博雅教育特色研究——以威廉姆斯学院为例》，硕士学位论文，哈尔滨师范大学，2016 年。

（六）中山大学

1. 博雅教育的培养目标

2009 年创办的中山大学博雅学院更是我国博雅教育实践的典型代表。博雅学院推崇的是人生价值的实现，培养具备智慧与品格的学生。学院实行精英式的教学方式，实施跨学科、跨领域的教学实践，其目的是培养具有深厚人文科学知识并具有较强适应能力的高素质人才。

2. 博雅教育的课程设置

而在具体的教育教学实践上，课程设置崇尚少而精，每学期设置 4~5 门博雅课程，并要求学生在校学习期间，研修中西方文明传统及经典著作，每门课均有大量阅读任务和作业等。在博雅教育实践上，中山大学与威廉姆斯学院的博雅教育特色有着相似之处。例如，举办"博雅讲座""博雅读书会"和"名师下午茶"等活动。另外，在校友关系方面，学生可以在学院的网站上查询到博雅学院的往届校友名单，可以通过校方随时与这些学长取得联系。同时，学院还将每年 11 月份的第二个星期六定为中山大学校友日，欢迎历届校友回校。

（七）复旦大学

1. 博雅教育的培养目标

复旦大学在 20 世纪经历过两次教学改革。1990 年推出了以"打好基础，加强实践，提高能力，增强适应性"为原则的培养方案。1994 年学校将 60 多个本科专业划分为 12 个学科大类，并将各专业的基础教育课程融会贯通，形成了"通才教育，按类教学"的教学格局。复旦大学的人才培养目标是"人格完善，具有宽阔视野、可迁移能力"[①]。

2. 博雅教育的课程设置

复旦大学经过长期的博雅教育实践，形成并推行"六大模块"的核心课程，包括：文史经典与文化传承、哲学智慧与批判性思维、文明对话与世

---

① 《复旦大学通识教育体系》，参见复旦大学官网 http://www.fudan.edu.cn。

界视野、科学精神与科学探索、生态环境与生命关怀、艺术创作与审美体验。学校还聘请国内著名的学者教授担任课程负责人和主讲教授，形成助教制度、经典导读、多元考核、小班讨论、网络互动等教学模式。

（八）福州大学

在我国高等教育深化改革的进程中，其中以工科为主的院校以及综合大学中的工科专业对于博雅教育的要求尤为迫切。特别是培养工程技术人才的专业，因其专业教育的突出性，使得其人文教育与社会科学教育相对匮乏。因此，工科院校、工科专业引入博雅教育办学机制，提升办学效果势在必行。福州大学的材料成型及控制工程专业按照机械学科大类进行招生与培养，实行通识教育＋专业方向的培养模式，拥有学士—硕士—博士完整的育人体系。本节即以福州大学2017级材料成型及控制工程专业为例，我们从其培养方案中探寻博雅教育实施的具体情况。

1. 博雅教育的培养目标

在福州大学2017级材料成型及控制工程专业培养目标中，专业人才培养特色、注重理论与实践结合以及服务地方区域经济建设等具有博雅教育在人才方面的特征。培养目标形成宽口径、专方向、严过程、育能力、促创新为专业人才培养特色，强调理论与实践并重、理工结合的人才培养，并形成鲜明地服务地方区域经济建设的特点。"专业以培养具有宽广知识面和较强发展能力、具有开拓和创新精神的工程技术人才为目标，专业结构建设紧贴海峡西岸经济区建设对人才培养的需求，充分体现大学为地方区域经济服务的功能，与福建奔驰汽车工业有限公司、宝钢德盛不锈钢有限公司、龙工（福建）铸锻有限公司、福建兴航机械铸造有限公司、福建奋安铝业有限公司和福建东南造船厂等企业建立了长期稳定的人才培养合作关系。"[1]

2. 博雅教育的课程设置

（1）现状分析

福州大学2017年材料成型及控制工程专业毕业最低学分是165学分，

---

[1] https://jxxy.fzu.edu.cn/info/1034/1949.html.

其中课堂教学 129 学分、集中性实践环节 36 学分（其中毕业实习与毕业设计共 13 学分）。课堂教学模块含必修课程和选修课程两类。必修课程共 113 学分，要求所有学生修读。其中为材料成型及控制工程专业开设了通识教育必修课（33 学分）、学科基础必修课（64 学分）和专业必修课（16 学分）。选修课程要求共修 16 学分，分专业选修课（8 学分）、通识教育选修课（6 学分）和创新创业实践与素质拓展课（2 学分）。其中，专业选修课共开设 20 门课程，学生根据自己的学习兴趣、就业需求以及将来的个人发展规划至少修够 7.5 学分。学生在校期间应修满 6 学分的通识教育选修课，其中人文社科类 2 学分、文学与艺术类 2 学分、创新创业类 2 学分。学生在校期间应修满 2 学分的创新创业实践与素质拓展课。

从以上的数据分析中可以得知，在必修课中，人文社科类 23.5 学分，占必修课程的 20% 左右；通识必修课 53.5 学分，约占必修课的 45%；选修课中，人文社科类占 50%；在总的课程教学中，人文社科类占 24% 左右；通识课占 48%。

（2）与省内同类院校的对比分析

我们以福建工程学院与集美大学为例进行对比分析，这两所都是以工科为主的院校，因此，数据调查具有一定的代表性。其中，集美大学主要是以交通运输专业（国际航运管理方向）为例。

福建工程学院

福建工程学院课程设置的具体情况见表 4.2.8-1。

表 4.2.8-1　毕业最低学分及理论教学与实践教学比例要求 ①

类别	课程性质	总学分	总学时	课内授课学时	上机学时	实验	其他课内实践学时	课外实践学时	学时百分比（%）	
必修课	公共基础必修课	62.5	1 084	884	30	40	118	12	47.0	73.0
	学科与专业基础必修课	37.5	600	524	0	76	0	0	26.0	
选修课	专业方向选修课	20	320	266/262/284	28/28/12	26/30/24	0	0	13.9	27.0

---

① 数据来源于福建工程学院教务处官网 https://www.fjut.edu.cn/431/list.htm。

（续表）

类别	课程性质	总学分	总学时	课内授课学时	上机学时	实验	其他课内实践学时	课外实践学时	学时百分比（%）
	院系选修课	11	176	128	48	0	0	0	7.6
	全校性公共选修课	8	128	160	0	0	0	0	5.5
	小计	139	2 308	1 962/1 958/1 980	106/106/90	142/146/140	118	12	100%
	集中实践性教学	41	44						
	合计	180							

集美大学

集美大学交通运输专业（国际航运管理方向）本科培养方案见表4.2.8-2。

表4.2.8-2　集美大学交通运输专业（国际航运管理方向）本科培养方案[①]

模块	项目	学分	占总学分（%）	实验实践周数	实验实践学分	实验实践学分占总学分（%）
通识教育模块	通识教育必修课	41	24.8	12	12	7.3
	通识教育选修课	8	4.8			
通识教育模块小计		49	29.6			
学科基础模块	学科基础必修课	35	21.2	3	3	1.8
	学科基础选修课	6	3.6			
学科基础模块小计		41	24.8			
专业教育模块	专业教育必修课	35	21.2	3.5	3.5	2.1
	专业教育选修课	8	4.8			
专业教育模块小计		43	26.1			
集中性实践教学环节模块		24	14.5	30	28	17
个性化培养模块		8	4.8	7	7	4.2
总计		165	100	55.5	53.5	32.4

---

① 《集美大学交通运输专业（国际航运管理方向）本科培养方案》，引自集美大学教务处官网 http://jwc.jmu.edu.cn/。

　　福州大学、福建工程学院、集美大学这三所学校在课程学分模块安排上都具有相同的特征，即通识教育必修课与选修课的比重均不超过50%，其中，通识必修课的比重占有一定优势，三所学校分别为45%、47%、24.8%，而这一部分的课程设置都为学校设置，或者是国家课程设置中规定的必须设置的通识必修课，如思想政治理论课。因而，学生缺乏课程选择的自主性，更无法根据学生的兴趣、爱好和不同特征进行选择。相比较而言，通识选修课占比较少，分别为3.6%、4.4%（只计算全校性公共选修课，院系选修课与专业选修课未计算在内）、4.8%。因此，从课程设置上看，课程设置较为固定，缺乏灵活性，因而很难实现博雅教育培养目标中对受教育者知识广博的要求。

　　福建省的其他学校

　　在福建省博雅教育实践中，还有一些相对成熟的例子，例如，福建农业职业技术学院逐渐形成了"教之以爱、育之以礼、启之以智、导之以行，倡导博学雅行，形成安身立命、修身养性的健全人格"的博雅教育理念；闽江学院海峡学院形成"精致人生"为核心的博雅教育理念；福建外经贸学院培养方案中设置了分四学期完成的4学分博雅选修课程，开设了30多门具有人文气息的非专业课程供学生选择。除了有明确的博雅教育理念与博雅教育的课程，有的学校在课程设置方面也具有博雅教育的内涵。

三、国内外博雅教育存在的问题分析

　　由以上国内外各大学博雅教育案例分析发现，第一，英美一些大学通识教育的课程设置，在人文、自然和科学三者中，其重要程度是依数理自然科学、社会科学和人文科学的次序排列的。这是欧洲中世纪大学初兴时候"自由七艺"的持续拓展。按照涂尔干的说法，"在中世纪巴黎大学的经院学术中，文法、修辞和辩证法'三科'是基础性的大众学科，算术、几何、天文和音乐这'四艺'才是精英研究的学术"[1]；第二，英国的博雅教育在

_____

[1] ［法］涂尔干：《教育思想的演进》，李康译，上海：上海人民出版社，2003年，第63页。

理念不断深化的同时，实行多元化的联合课程设置；第三，中国的博雅教育也已经取得了一定的成绩，形成一定的影响力。但是，鉴于以上分析，我们不难发现当代国内外博雅教育存在的问题，对于借鉴国外博雅教育理念以及高校博雅教育本土化的实践具有一定的普遍性。

（一）博雅教育培养目标问题

关于博雅教育培养目标，不同时代、不同国家存在着巨大的差异。因此，在实施博雅教育过程中，如果一味地照抄照搬，一定会出现问题。

1. 忽略了传统的优秀教育理念

今天我们从美国引进通识教育，如果在课程设置方面数典忘祖，既昧于西方博雅教育的过去，也没能真正理解美国通识教育的现状，单纯呼吁在通识教育中增加人文学科的比重，并不能在知识系统方面实现"通识"的要求。

（1）芝加哥大学部分人文、社会科学课程

第一学年

文学：西方历代诗歌、荷马史诗、圣经、屠格涅夫、乔伊斯和美国作家选读。

艺术：历代西方绘画作品、历代西方雕塑作品、历代西方建筑。

音乐：西方古典音乐作品。

第二学年

史学：希罗多德、修昔底德、吉本。

戏剧：希腊悲剧和莎士比亚。

小说：奥斯汀、康拉德、陀思妥耶夫斯基。

哲学：柏拉图和亚里士多德。

第三学年（选修）

文学：批评理论、艺术与音乐、外国语言文学（希腊文、拉丁文、法文、德文和西班牙文）。[1]

---

[1] 以上资料采自甘阳、陈来、苏力主编的《中国大学的人文教育》，北京：生活·读书·新知三联书店，2006 年。

整个课程设置循序渐进，可以在本科"通识"程度上看作是以西欧为核心的一部西方文明史。

（2）中山大学博雅学院部分人文、社会科学课程

2012 年第一学期

早期西方现代文学（莎士比亚）（选修）、7—19 世纪的中国社会、中国古代文学（宋元）、中国文学批评史、上古信仰与传统观念渊源、宋代政治制度史、明代经济史、罗马帝制时代。

2012 年第二学期

《道德经》、《金刚经》、博物馆文化、宪政与民主、弥尔顿、早期中华帝国。

中山大学博雅学院两学期的课程没有明显的连续性，而且很多是专题性课程，具有一定的知识宽度和理论深度。

（3）比较分析

通过比较芝加哥大学与中山大学的课程可见：中山大学博雅学院的课程设置，与其说是学习芝加哥大学，不如说是暗中采纳了施特劳斯派的精英理论，试图以精英文化来为当前社会甚嚣尘上的大众文化"消毒"；以人天性的不平等来对抗自由主义的平等理想，这方面，一种有诱惑力的说法是："多数人与少数人的差序结构是否会消失。"[1]但通过课程设置，把知识的隐性权力显白化，一定程度上反倒是弱化了通识教育、博雅教育中本来最应当体现的理性精神；施特劳斯学派理想中柏拉图式的"哲人王"，至少在今天不是通识教育或者博雅教育的对象。

2. 教育目标的精英化

西方博雅教育概念中具有的阶级、等级性语义尤其值得警惕；少数"精英"希望通过对课程的控制来实现自己的政治意图，这种情况在中国两汉以降并不少见，但实际结果很少符合理想。

我们在借鉴博雅教育的同时，没有明确区别博雅教育一直以来的两种倾向：精英化与大众化。而在具体的实践中，在没有明确培养目标的前提

---

[1] 甘阳、陈来、苏力：《中国大学的人文教育》，第 88 页。

下，难免会有博雅教育形成之初的精英化教育倾向，这是应该加以摒弃的。教育现代化的一个重要目标就是教育大众化。

3. 忽略了博雅教育的客观规律

社会有自己的惯性，什么知识最有价值也不仅仅是话语权的问题；通识教育、博雅教育在知识客观性层面有自己的内在规律。这一点，正像有论者指出的："通识应能在深刻的层面揭示不同学科领域之间的意义关联。专业领域中真正深刻的知识，必然体现着真实世界的运行法则，在本质上与整体世界相通"，"属于人文方面的课程旨在打通人与自然的联系通道。价值、信仰、道德、审美与自然的关系，是贯穿此类课程的永恒主题。而科学，重在深层结构和原理，还有科学发现的过程和方法。从根本上讲，通识的最深刻依据来自科学"①。

4. 博雅教育课程目标的功利化

其实，按照西方知识传统，和实用、功利态度相对的并不是某种学科（譬如人文学科），而是一种纯理论态度；从这一角度来说，数理自然科学更接近纯理论态度，与人文科学以及近代以后兴起的社会科学稍有不同。柏拉图在《国家篇》中将纯粹哲学研究看成是离开感觉对象的"心灵的转向"，他列出的学习程序便是几何学—天文学—谐音学（音乐）—纯粹哲学。②结合西方教育史看，美国大学目前通识教育的课程设置，仍然表现为对西方教育传统内在精神的某种继承，虽然两千多年来具体课程发生了巨大变化。往前追溯到古希腊、古罗马时期，其围绕文法、修辞、辩证法、算术、几何、天文、音乐的"自由七艺""自由学科"，即是以理性为核心而文理兼综的课程编排。

由于历史上博雅教育的缺位，部分高校目前不具备博雅教育顺利发展的环境。蔡元培先生曾说过："数百年来，教育的目的只有一项，即对人们进行实践能力的训练，使他们能承担政府所急需的工作。"③大部分

---

① 倪胜利：《通识教育：真谛、问题与方法》，《教育研究》2011 年第 9 期。

② 陈康：《论希腊哲学》，北京：商务印书馆，1990 年，第 67 页。

③ 高平叔编：《蔡元培教育论著选》，北京：人民教育出版社，1991 年，第 489 页。

高校在博雅教育课程目标上，都偏重应用型和专业化，一些学校、教师和学生仍以实用、功利的观点来看待博雅教育，因此实用性、技能性课程在博雅教育选修课中占有较大的比重，而完善人格发展的课程则比较缺乏。

现今有些工科院校的艺术教育已经陷入专业教育的误区，与博雅教育渐行渐远。苏霍姆林斯基曾批判地指出："我们发展学生在艺术创作方面的才能，其目的并不是要把音乐或绘画作为他们未来的职业（那是专门学校的任务）。我们的职责是：全面地发展每个学生的个性，发现他的禀赋，形成对艺术创作的才能，以便使他享有一种多方面的完满的精神生活。"[1]艺术教育专业化的表现在于让学生成为亦步亦趋的工匠式半成品，成为艺术的奴隶。因此，只有彻底解放心性，培养他们的综合能力和素质，才能培养他们的艺术兴趣与艺术创造力。

（二）博雅教育课程设置问题

当前大学生博雅教育资源库建设还存在许多问题与不足，如受重视程度低、课程体系尚未健全、学习评价制度欠缺、师生积极性不高等。从博雅教育数字资源建设现状来看，我国现有博雅课程数字资源比较丰富，但多数传统博雅课程资源已难以满足当今大学生的学习需求。

1. 课程内容陈旧

当下高校大学生多是 95 后，他们对新知识、新事物非常感兴趣，而对经典文化、历史与艺术素养等相关内容，部分学生则以"不感兴趣，没有用处"为由，不愿意去学习，这显然不利于人才培养。若要改变这一现状，必须开设新的博雅课程，将传统的历史、文化知识与新时期的时代元素相融合，突出新颖性；也可以将相关人文素养类资源开发成博雅教育课程。教育资源库要体现出可持续性，这就需要库中资源的不断丰富更新，以期与相关课程、专业同步。

---

[1] 瓜·阿·苏霍姆林斯基：《给教师的建议》，杜殿坤编译，北京：教育科学出版社，1984年，第 135 页。

2. 资源形式简单

当今大学生习惯通过智能手机、平板电脑等移动终端学习自己感兴趣的知识。因此，对大学生实施博雅教育已不能局限于传统课堂，而要充分结合网络时代学习者的特征，丰富博雅教育数字资源。但是，现有的博雅教育数字资源形式过于单一（多数是文本、视频形式），学生通常无法运用移动终端进行访问，这就导致现有的博雅教育资源利用率低，未能充分发挥其使用价值。要想提高学生学习的积极性与主动性，必须创新博雅教育数字资源形式，多使用音视频、动画等，同时资源库里的内容要能体现微型化、碎片化，访问方式也要考虑网络时代不同移动终端的特点。

3. 课程设置的高端化

中山大学通识教育虽然也是学习美国——特别是哈佛大学和芝加哥大学，但其博雅学院的具体课程较芝加哥大学更为高端，难度超出国内普通大学本科课程许多，反映了课程设置者对博雅教育的特殊理解。

4. 课程实施的边缘化 [①]

中国大学开展通识（博雅）教育通常要求学生选修本专业之外的课程。例如，北大的博雅课程涵盖了数学与自然科学、社会科学、哲学与心理学、历史学、语言学、文学与艺术，学生必须在每类中至少完成一门课程方能毕业。

这种做法部分参考了美国精英大学的课程表。以芝加哥大学为例，低年级学生核心课程包括人文学科、数学和自然科学、社会科学三大类科目，强调西方古典人文传统、经典阅读和批判性写作，课程的负担重、标准高，因此芝加哥大学的学生实际在第三年才开始将全部精力放在主修课程上。

相比之下，一个北京大学的学生毕业需要完成 140 学分，而通选课程仅占 16 学分，其余的是专业必修课、专业选修课、英语课、政治课。低年级时学生的大部分精力耗费在专业课程上，到了高年级则忙于实习、找工作、申请海外研究生院和写毕业论文，那么，花在通选课上的时间则更少了。

---

① 田禾:《中国大学的"通识教育"实验失败了吗?》，参见 FT（Financial Times）中文网。

5. 课程设置的形式化 [1]

在开设博雅教育课程的高校中，相关课程的老师不乏国内相关领域的一流学者，在课程实施过程中，都投入了相当的热忱和心力。但是，由于学校缺乏实施核心课程的制度保障，因此，博雅课程最终成为专业课之余的调剂。

而在课程的教学过程中，除了培养学生知识的广博外，还需要教会学生清晰、精确、审慎、自洽这些珍贵的思维特质，知识的广度或许可以通过学生自己积极的自主学习来弥补，但这些思维特质是很难在无人引领的情况下培养出来的。如果教师教学忽略这一点，只是蜻蜓点水，那么学生所学必然浮于表面。因此，这些课程对学生的训练也都是有限的。

一般来说，在美国接受博雅教育的大学生每学期需要完成三到四门课程，并且每门课程会有大量的课后作业和文献阅读。而在中国接受博雅教育的大学生一学期要学习八至十门课程。课程数目加倍，只能以牺牲质量来完成学习任务。因此，每学期的一两门通识课完全有可能落入形式主义窠臼。[2]

（三）博雅教育课程框架问题

课程框架是博雅教育理念的直接体现，是落实博雅教育理念、让其生根发芽而进行的顶层设计，同时，也是实施课程教学的重要途径。

1. 课程框架缺乏系统性及整体性

目前，我国高校的博雅教育课程框架还缺乏系统性及整体性，现以北京大学、中山大学、武汉大学、复旦大学的博雅课程占比情况予以说明（见表 4.4.3-1）。

表 4.4.3-1　　国内高校博雅（通识）教育课程框架

大学	类别	知识性课程类别	占比
北京大学	数理自然	数学与自然科学	20%
	社会	社会科学；历史学	20%

---

① 田禾：《中国大学的"通识教育"实验失败了吗？》，参见 FT（Financial Times）中文网。
② 同上。

（续表）

大学	类别	知识性课程类别	占比
	人文	哲学与心理学；语言学与文学艺术	60%
中山大学	人文	中华文明与世界文化；人文学科与审美艺术	50%
	社会	社会科学与人类发展	25%
	自然	自然科学与现代技术；医学与生命科学；地球与环境科学	25%
武汉大学	人文	人文科学；中华文明与外国文明；跨学科领域	40%
	社会	社会科学；数学与自然科学	40%
	数理自然科学	数学与自然科学	20%
复旦大学	人文	哲学智慧与批判性思维；艺术创作与审美体验	50%
	社会	文史经典与文化传承；文明对话与世界视野	33%
	自然	科技进步与科学精神；生态环境与生命关怀	17%

以上资料采自骆少明、刘森主编的《2009 中国大学通识教育报告》，暨南大学出版社，2010 年；其中有些大学的课程并未严格按照学科分类，在计算百分比时参照通行学科分类标准酌情做了归并。[1]

现根据上表所列数据，求取表中所列四所大学通识教育中的人文科学、社会科学和数理自然科学的平均值，得到人文科学 50%、社会科学 29.5%、数理自然科学 20.5%。我国大学目前的通识课程中人文科学所占比重最高，社会科学次之，而以数理自然科学的比重最轻。因此，如果我国目前的通识教育、博雅教育是以美国大学为蓝本的话，那么如今还不时可以听见的关于增加人文科学比重的呼声就表现为理解上的偏颇。

高校缺乏多样化的教学资源，因此博雅教育课程的框架设置便缺乏系统性与整体性。许多高校由于对博雅教育理解得不充分，又缺乏合理充分的准备，使得博雅教育仓促实施。博雅教育课程呈现出缺乏有效管理、课程分布繁多而冗杂、课程体系规划不完整等弊端。授课教师大多对博雅教育没有充分的了解，几乎没有博雅教育的授课经验，因此也就不能完美地教授博雅教育课程。因而许多博雅教育课程往往虽然冠以"博雅教育"的头

---

[1] 转引自张亮《"自由学科"与知识的整体性——我国当前通识教育、博雅教育中的课程设置问题》，《湖南科技学院学报》2015 年第 6 期。

衔，却仍然采用专业基础课程的单一教学形式和教学方法，博雅教育的实施效果可想而知。

博雅教育课程在设置上缺乏统一的标准，课程体系缺乏整体性，导致课程结构支离破碎，内容杂乱堆积、拼盘现象严重。如国内大部分高校把文化素质教育选修课划分为七个领域，即数学与自然科学、社会科学、人文科学、计算机、语言、艺术、技能；而"清华大学的语言类课程占了人文素质教育课程的三分之一，中国人民大学的社会科学类课程占了一半以上"[①]。

2. 课程体系尚不健全

从现有各高校的专业人才培养计划来看，都或多或少地开设了一些人文通识类课程，这些课程涉及的内容比较广泛，但在整个专业课程体系中地位不高，通常被划为公共必修课或者公共选修课，学校的整个课程体系仍然高度体现专业教育为主导的特点。因此，我国高校博雅教育难以显见成效，很大程度上是由于高校对实施博雅教育的重视程度不够，忽视了博雅教育课程体系的建设，也未能针对性地建设一批优质的博雅课程开放资源。

（四）博雅教育课程实施问题

在具体实施博雅课程的过程中，主要存在以下问题。

1. 评价单一化

传统应试教育评价目标单一，只注重对知识、技能、能力（特别是理解力）、记忆力的评价，对学生的其他方面的评价较为欠缺，例如交往能力、创造能力、语言表达能力以及学生的兴趣等，而且评价方法和评价主体单一。这种单一的评价目标、评价方法和评价主体，导致人的片面发展、被动发展，这与博雅教育所提倡的"全人"发展理念背道而驰。

2. 评价制度不完善

良好的博雅教育对于学生个人及高等教育质量都有极其重要的影响。现今实施的博雅教育课程多数作为选修课开设，评价考核方法简单，从教师的

[①] 李曼丽、杨莉、孙海涛：《我国高校通识教育现状调查分析——以北大、清华、人大、北师大四所院校为例》，《清华大学教育研究》2001 年第 2 期。

角度而言一般难以做到像准备专业课教学那样认真充分，就学生而言也很难像学习专业课那样认真。因此，在博雅教育实施过程中出现这样一种普遍的现象，即学生对课程内容参与度低，缺乏积极性和主动性，这些都与博雅课程的评价方式与评价机制密切相关。博雅教育评价机制的改革也势在必行。

3. 创造性与创新性不足

中国在博雅教育本土化的过程中，学习和借鉴了国外博雅教育的实施方法。但只注重对形式的模仿而忽略实践经验的重要性，对博雅教育核心与灵魂的理解不够深入，教学组织形式和学习方法略为单一；课堂教学往往采用大班授课，教学内容达不到一定深度，只是单一地传授书本知识，却无法保证博雅教育有效实施，目标就更加难以实现。因此，在具体的实施博雅教育的过程中，教师的创造性和与创新性不足，缺乏适应本土、本校学生需要的博雅教育的教学方法和模式。

4. 实施方式相对传统

目前，高校实施博雅教育的方式仍然比较传统，主要还是以课堂教学为主，并结合人文素养类讲座和相关文化艺术活动。这些措施曾经在提升大学生人文素养方面取得成效，但是随着移动互联网时代来临，各种新媒体和新技术已经成为大学生生活、学习的组成部分，而且，被称为"数字土著"的"95后"的大学生已成为大学生源的主力军，这些"95后"的大学生对传统的博雅教育模式的青睐程度也在日益降低。他们的学习方式显示出个性化与多元化的新特点。而目前博雅教育实施模式仍以传统课堂教学为主，缺乏在把握时代特征基础上的、适合当代大学生的博雅教育新模式。因此，博雅教育实施模式的创新尤为重要。这就要求我们不仅要优化课堂教学模式，还要根据时代特点和当代大学生的特征将博雅教育理念贯穿于人才培养的各个环节，特别要重视校园文化与实践活动在育人方面的重要作用。

综上，虽然我们只是以少数几个国内高校为例，但也能反映出目前国内高校实施博雅教育所存在的一些普遍性问题。因此，我们需要反思：怎样在本土化基础上，在不违背我们优秀的传统教育理念基础上，真正实现教学在当代的目标，实现民族的、科学的、大众的文化目标和价值取向，批判性地吸取国外的教育理念与教育实践经验。

第五章　新时代博雅教育本土化理论研究

　　基于博雅教育的现状分析，我们发现博雅教育在促进高校教育去功利化的改革方面具有优势，而在国内外具体的实施过程中，我们也发现了很多不足，这些不足直接影响高校的教育成效。诚然，通识教育、博雅教育（自由教育）都是从欧美引进的，近十年来才逐渐被国内高校关注，因此，从课程设置的社会学角度看，既要考虑课程设置背后的权力问题，也要重视一种课程模式的特殊社会起源以及其他客观性问题，从我国大学本科教育改革的现实来看，后面问题是具普遍性。尽管欧美的博雅教育（自由教育）作为一种自由精神已经融入眼下的通识教育，但毕竟欧美大学有其历史悠久的精英教育传统，这种精英教育表现出一定政治上的等级性，这种等级性在博雅教育的课程设置上也得到一定程度的反应，并在我国目前博雅教育的理论和实践中有所体现。

　　因此，我们认为，博雅教育的本土化实施应该从以下几个方面入手：博雅教育的培养目标、课程设置、课程内容、课程实施等。博雅教育是一种基于平衡专业教育与人文教育，旨在培养德才兼备与和谐发展的"完整人"的教育，有利于提升人的人文素养和创新素质。

一、博雅教育的培养目标

教育首要目标是解决培养什么人的问题，继而是怎样培养的问题。而教育现代化的一个重要目标就是教育大众化，因此，在实施博雅教育的过程中，要正确处理博雅教育精英化与大众化之间的关系。在博雅教育本土化移植过程中，我们既要吸收国内外教育实践中关于培养目标的合理部分，也要根据中国的实际情况进行实施与操作。根据国家的教育目标和各级各类学校的性质、任务提出的具体培养要求，本科教育的培养目标是较好地掌握本专业的基础理论、专业知识和基本技能，具有从事本专业工作的能力和初步的科学研究能力。因此，我们将培养目标设定为三个方面，即知识结构目标、能力结构目标以及素质结构目标。

（一）知识结构目标

通识教育、博雅教育在知识客观性层面有自己的内在规律，"属于人文方面的课程旨在打通人与自然的联系通道。价值、信仰、道德、审美与自然的关系，是贯穿此类课程的永恒主题。而科学，重在深层结构和原理，还有科学发现的过程和方法。从根本上讲，通识的最深刻依据来自科学。"[①]

因此，博雅教育课程的知识结构应包括以下四类：第一，人文科学。使学生了解人类文明的最基本的知识和方法，培养学生多种审美情趣，提高学生的艺术和文学鉴赏能力以及对人文价值的判断能力，确立正确的价值取向和人生观。第二，社会科学。提高学生对自身和社会进行深入思考所需要的理性能力，能理解和应对社会的发展和全球化的趋势所带来的问题，具有一定的社会交往能力和团队意识。第三，数学与自然科学。使学生对有关物质世界运行规律有一个基本的了解，有基本的数字计算能力、

---

① 倪胜利：《通识教育：真谛、问题与方法》，《教育研究》2011 年第 9 期。

科学态度、科学的自然观和宇宙观，能树立保护自然、与自然和谐相处的环境意识。第四，跨学科知识。培养学生多学科的思维能力，养成比较、判断、综合分析问题的思维习惯和方法。

（二）能力结构目标

蔡元培先生曾说过："数百年来，教育的目的只有一项，即对人们进行实践能力的训练，使他们能承担政府所急需的工作。"[①]

这也是我们在博雅教育方面的重要缺失。诚然，我们需要实际的工作能力，同时，也需要人的自由全面发展的各项能力。因此，博雅教育课程的能力结构目标应包括以下的能力：第一，语言交流能力。主要是指语言表达、写作和运用外语的能力。第二，信息处理能力。主要是信息的选择、收集、处理与分析的能力。第三，批判性思考和判断的能力。主要是指独立思考、比较判断的能力。第四，研究能力。主要是指对知识的选择、理解、应用的能力以及发现、提问、解决问题的能力等。

（三）素质结构目标

目前国内外大部分高校在博雅教育课程目标上，都偏重应用型和专业化，一些学校、教师和学生仍以实用、功利的观点来看待通识教育，因此实用性、技能性课程在通识选修课中占有较大的比重。从而，缺乏对完善的人格发展的课程，而一些人文社科类的课程也未摆脱功利主义的窠臼。鉴于此，博雅教育应该把"文理交融、博古通今，做人第一、修业第二"作为教育的终极目标，而博雅教育的核心精神是对"人"的培养，即首先关注大学生的心灵满足、生命的尊严、精神的自由等。博雅教育课程设置的目的是为了提升大学生的精神品格，平衡大学生的知识结构，以提升"人的精神境界"为核心，博雅教育的课程建设也应与之相适应。

---

① 蔡元培：《蔡元培教育论著选》，北京：人民教育出版社，1991 年，第 489 页。

二、博雅教育的课程设置

课程设置与实施是博雅教育理念实践的重要环节，关系到博雅教育理念的贯彻。英美等西方国家的大学目前通识教育的课程设置，仍然表现为对西方教育传统内在精神的某种继承，其设置主要是围绕文法、修辞、辩证法、算术、几何、天文、音乐的"自由七艺""自由学科"，即是以理性为核心而文、理兼综的课程编排。而国内大部分高校在博雅教育课程目标上，都偏重应用型和专业化，人文课程相对薄弱，而且对于一些专业课的人文精神的挖掘也不够。因此，在课程设置的过程中，应该遵循人文知识为主的课程内容的设置原则，并形成整体的课程体系；另外，应避免实施过程中的边缘化与形式化，增强课程内容的时效性，并保障实施手段的多样化。

（一）课程设置的原则

第一，课程设置的整体性。形成课程内容广泛的课程体系，并与专业课程体系形成良性互动，改变传统专业教育为主导的课程体系。加强博雅教育课程体系的建设，还包括未能针对性地建设一批优质的博雅课程开放资源。

第二，人文知识为主的课程内容。人文知识为主的课程内容包括两个方面：一是挖掘专业知识的思想基础与精神境界，并将其展现出来，是人文教育的主要目标；一是在课程设置中，核心课程应以人文学问为主。

第三，课程内容的时效性。注重博雅教育内容的与时俱进与创新发展，注意将新的人文科学、社会科学与自然科学的最新研究成果贯彻到课程体系与课程内容中。另外，为了保障博雅教育课程教学的实际效果，需要形成一整套实施博雅教育核心课程的制度。

第四，实施手段的多样性。博雅教育通过分布必修型、核心课程型、名著课程型和自由选修型四种类型完成课程设置。另外，形成多元化、个性化的教学模式与学习方式，把握时代特征来创建贴近学生需求的博雅教育新模式。因此，从提升博雅教育效果的角度来看，创新博雅教育的实施模式尤为必要，不仅要改进课堂教学模式，而且应结合时代特征和大学生的特点，倡导应用博雅理念于学生工作中，从校园文化建设、实践育人等方面来推进高校博雅教育的开展。

（二）课程设置的类型

当前高校博雅教育课程的类型主要有分布必修型、核心课程型、名著课程型和自由选修型四种类型。其中"分布必修型课程明确规定必修领域和课程门类或最低学分，多为入门课程，利于拓宽学生的知识面。该模式易于管理，对学校的实施条件要求相对较低。核心课程型课程也明确规定必须修习的领域，但和分布必修型不同的是，它打破了传统的按学科设课的模式，强调课程设置要有利于培养学生的有关方面的能力而非某一学科的系统知识。名著课程型课程是个别高校采用的特殊类型，其目的是实施自由教育，课程选用各领域的名著，主要以讨论课为主。自由选修型课程院校不做特别规定，学生可以根据自己的兴趣自由修读，对学生自觉性要求较高"①。显然，高校应根据四种模式结合自身实际进行创新，形成本校特色。从我国实际看，应更多考虑分布必修型的课程模式，因为该模式易于实施的特点契合我国高校博雅教育目前所处阶段。同时，该模式还可以解决当前专业课程设置模式下知识面狭窄的问题。尽管核心课程型是博雅教育课程设置的理想模式，也是目前一些高校模仿和尝试的模式，但是很多高校目前还难以具备充分的实施条件。

（三）课程设置的建议

按照学科的分类，博雅教育的课程设置包括人文艺术、社会科学、自然科学、跨学科知识等课程，其中，人文艺术课程包括艺术、美学、哲学、伦理学、文学、音乐、美术、修辞、逻辑等，社会科学课程包括经济学、

---

① 李曼丽、杨莉、孙海涛：《我国高校通识教育现状调查分析——以北大、清华、人大、北师大四所院校为例》，《清华大学教育研究》2001 年第 2 期。

心理学、管理学、教育学、科技史、人文历史、社会学、政治学、人际关系学、宗教学、当代中国与世界等，自然科学课程包括数学、物理、化学、生物、天文等。

三、博雅教育的课程内容

博雅教育的首要任务是推行人文素养教育，为大学生树立正确的道德观、价值观，如此才能完成博雅教育"做人第一"的理念。人文教育的开展不能仅停留在第二课堂，要利用好门类繁多、供学生拓展知识结构的通识教育选修课程，在其中融入博雅理念。这些课程绝对不应以概论加上基础型的蜻蜓点水式的模式存在，而应该在"基础"之上深化，从专题学习入手，由点及面，让学生学会用科学的方法去思考和分析问题。这套课程应旨在将学生打造成"T"型人才。"'T'字上的一横杠代表知识的广度，下面的一竖代表知识的深度，使学生在具备足够的专业知识的同时获得广阔的知识面和浓厚的人文底蕴，以弥补现代大学生自幼在'应试教育'指挥棒下所丢失的人类文明的教育。更重要的是，要让这些刚成年的学生学会选择，这对其今后的人生抉择是非常重要的。"[1]

（一）博雅教育科目

在教育科目课程内容上，要考虑科学与艺术的结合，要注重实践体验环节，特别是理工科院校，可以考虑开设一些艺术体验课程。通过学习音乐、美术等艺术实践类课程，在普及学生艺术常识、提升学生艺术修养、丰富学生见识的同时，注重培养学生的艺术创造能力，让学生尝试去设计作品、创作手工艺品、改编歌曲、创作古体诗词等，培养学生的发散思维能力、创新思维能力。要从学生实际需求出发，避免空话、套话，要回避急功近利、轻做人重做事、轻成人重成才的功利性内容，加强人文精神传递，注重民族文

---

[1] 魏善春：《博雅教育视野下对大学教育改革的思考》，《教育探索》2009 年第 9 期。

化教育，增加学生的民族责任感，增强民族凝聚力。

（二）核心课程

核心课程的内容需要借鉴西方博雅教育的先进经验，但是，也不能忽略其受教育者等级差异的局限性。不同国家通识教育、博雅教育在知识客观性层面有自己的内在规律。这一点，正像有些学者指出的："通识应能在深刻的层面揭示不同学科领域之间的意义关联。专业领域中真正深刻的知识，必然体现着真实世界的运行法则，在本质上与整体世界相通"，"属于人文方面的课程旨在打通人与自然的联系通道。价值、信仰、道德、审美与自然的关系，是贯穿此类课程的永恒主题。而科学，重在深层结构和原理，还有科学发现的过程和方法。从根本上讲，通识的最深刻依据来自科学"[①]。

因此，博雅教育核心课程体系应该是比较完整的、经过精心设计的课程体系，而且具有一定的广度、深度和灵活性。课程体系设置不仅广博，而且灵活多样，可以给予学生充分的选课自由。课程体系是博雅教育成功与否的关键，这需要在实施过程中有明确的选修和主修课程，并能体现博雅教育精髓又具有中国元素。

（三）选修课程

博雅通识教育选修课在内容安排上要注重中华传统文化的传承，体现文理交融、科学与人文交融的思想。课程体系要有顶层设计，知识体系要完整，例如，课程要涉及人文、科学、艺术、美学、哲学、历史等方向。特别要注重中华优秀的传统文化的弘扬，注重中西融合。高校要给予学生正确的文化引导，让学生改变对传统文化认识上的偏差。

（四）必修课程

推行博雅教育理念，并不是放弃现行高等教育的"专业性"主线，亦不是忽视专业教育，而是在做好科学教育、实用性教育的基础上，对学生有博

---

① 倪胜利：《通识教育：真谛、问题与方法》，《教育研究》2011 年第 9 期。

雅的要求。博雅教育与专业教育并不是非此即彼的关系，而是相互补充、相互帮扶的。大学可以采取将已有的专业课程博雅化的方式实施博雅教育。

四、博雅教育的课程实施

高校在博雅教育模式实施过程中，要致力于培养学生理性思考、为社会服务的能力，培养有思想的公民，把追求卓越、锐意创新和国际化作为办学方向。具体表现为：以学生为中心的基本原则、学与教模式的创新、丰富的第二课堂以及跨文化的国际交流等。

（一）以学生为中心的基本原则

在 20 世纪 80 年代中期，欧内斯特·博耶主张大学和教授要"为学生的成长和发展服务"，哈佛大学原校长德里克·博克则期望大学"回归大学之道"。这些观点涉及的核心内容就是：高校教育教学中以学生为中心的基本原则是大学改革的方向。

博雅教育实施的基本原则是以学生为中心，完全打破传统的以教师为中心的原则和模式。在以教师为主导、学生为主体的教学原则下，教师作为引导者负责教育的内容与方向，学生作为学习的接受者注重学习的主导。

博雅教育的核心内容之一就是要调动学生学习的积极性与主动性，这就要求在教学过程中要安排全员参与的、互动灵活的教学方式和社会实践活动。因此，实施博雅教育的高校要在教学结构、管理制度和评价方式等方面制定比较完整的方案，例如，小班教学、跨国教育、跨学科教育、研讨式教学、灵活的学期制等。在以学生为中心的原则下，培养和谐、互动的师生关系，形成教学相长的良性发展环境。

（二）挖掘专业课中的人文精神

在专业课的讲授过程中，教师应挖掘专业课中的人文精神。教师在讲授专业知识的同时，要有步骤、有方向地将文理融合，渗透人文、美育和情感教育。在授课模式上，可以适当地采用小班教学、分组教学等方式，通过研讨、团队展示、知识分享等教学环节，让学生头脑与表达能力并用。

在授课环节上，多将理论与实践相结合，提倡学生主动思考，鼓励学生大胆质疑、积极合作，营造课堂自由、开放的学习氛围，体现教育的"人文"关怀。在课程考核上，鼓励过程化考核，更加注重学生平时的课堂表现、课程前的准备和课后的复习情况，关注对学习的主动性、创新思维、动手能力的考查；可以鼓励学生预习，查阅、分析资料，提高课后撰写总结报告的能力，同时，让学生重视个人修养。例如，宁波诺丁汉大学90%的课程采用以小班授课为主的研讨式教学方式，教室内采用移动式桌椅，方便学生随时分组进行小组讨论和课堂学习成果展示，在图书馆、学校内随处可见专门为研讨设立的区域。成绩由"平时作业＋课堂表现＋笔试成绩"构成，强调课前的预习、课上讨论、课后大作业，特别鼓励学生大胆地质疑，鼓励学生向教师提问，强调课堂的互动性和活跃性。

（三）问题导向与启发互动的学与教模式

博雅教育实施过程中，学习方式与教学方式的改变也是一项重要内容，需要创新改革学习方法与授课方式，改变以灌输知识为主的传统教学方式，将学生作为教学活动的主体，引导、鼓励学生，提高学生的自主学习能力。

1. 基于问题的学习模式

传统的第一课堂灌输式的教育不利于学生对知识的掌握，更不利于学生创造性思维的培养。第一课堂应该更多采用教与学、问与答的方式，促进师生双方的提高。博雅教育强调基于问题的学习，提倡在互动学习的过程中，增强学生之间的相互交流，并针对问题，通力合作、分析讨论，提出解决方案。因此，教师应该以培养学生能力为中心来开展教学工作，强调学习的过程，用过程保证学习质量，不要仅用期末考试来衡量学习效果，一定要增加对学习过程的考核。

2．互动式教学法

互动式教学法是师生共同参与研究的较为民主的教学方法。这种教学方法要求教师坚持启发式教育，鼓励学生独立进行思考，挖掘学生潜力，启迪学生的思维，提升学生的综合素质。例如，教师通过课堂对话和学生交流沟通，了解学生感兴趣的话题和对该课程的学习要求；学生通过回答教师提问来完善自身的知识结构；在课堂对话过程中，教师还要充分考虑学生之间的沟通，组织学习讨论小组，针对学习问题让学生展开自由讨论。此外，在实际的教学过程中，教师要为学生创造充足的讨论空间、思考时间等；对于学生所提问题，教师不要直接给出答案，要引导学生对该问题进行思考，以培养学生的独立思考能力与自主学习能力。教师还需要培养学生掌握正确的学习方法，培养学生的思考力与创造力。

（四）跨学科与跨文化的课程实施

跨学科、跨文化又具有浓厚人文气息的非专业课程的设置，是实现博雅教育的教育目标，培养有理想、有情怀、有素质的人才的重要途径。而在具体的实施过程中，要注重借鉴国外课程体系并相应地增加经典阅读等课程。

1．跨学科课程、跨文化课程

学校培养方案中可以设置分学期完成的选修课程，开设有人文气息的非专业课程供学生选择，以实现博雅教育跨学科、跨文化的目标。这种课程不受学校现有的专业和学科范围的限制，为了实现跨学科、跨文化的目标，学校应努力结合实际，整合师资，建构完善的博雅教育学科体系。其中，加强传统文化教育的比重尤为重要，即在课程设置中还需要加入人文艺术、社会科学、自然科学类课程，进而有效地实现博雅教育的目的。

2．借鉴国外课程体系

在博雅教育实施过程中，学校还可以借鉴欧美高等教学体系，进而调整课程体系并开设全英文课程，构建多模块的国际化课程体系，推进人才培养的国际化，例如通过推行卓越工程师教育培养计划，建立医学、法学、农科人才培养基地等，吸引学生参与此类创新人才培养；另外，通过推进本科生导师制等措施，使学生的学习过程具有系统性。

3. 经典阅读课程

清华大学中文系博雅课程要求经典阅读，成效较为显著。20世纪二三十年代温德任清华大学外文系教授，讲授多门课程，包括"美学原理""文学批评原理""意义的意义""科学和诗"等。其中"文学批评原理"课程，要求"凡文学批评上重要之典籍，均使学生诵读，而于教室中讨论之"。他所授的课程以及他对课程的要求，体现了博雅教育的培养特征，即人文与科学相结合、经典阅读与批判性思维相结合。

那些精通中西语言文化的博学之士，他们极力推崇博雅教育，倡导大学生阅读文学经典著作。通常在开学之初，教师与学生就共同制订与该门课程相关的经典阅读计划，提供经典阅读书目。例如吴宓在开设"文学与人生"课程时，提供阅读的中英文书目达150种。"中国现代戏剧的先驱者"王文显的戏剧课程，要求学生课外阅读的书目就有欧洲众多戏剧家名著等。

这种经典阅读课程同样适用于其他学科。经典著作隐含着作者的人生思考、价值取向以及对社会问题的探讨，对一个人思想的形成具有重要影响。鼓励学生读经典作品，是培养"博雅之士"的重要途径。

另外，学校可以开展各级各类的在线精品课程建设，积极探索、开展慕课、微课、翻转课堂、在线开放课程建设等，为博雅课程建设的实施融入现代信息技术等手段。

（五）培养实践能力的第二课堂

杨叔子先生认为，知识只有转化成能力才有力量。知识到能力的转化，必须通过实践的途径。第二课堂建构于第一课堂的基础上，是最好的实践场所：丰富多彩的第二课堂，在博雅教育中占据不可替代的地位。各种学生团队、学生组织，各种实践拓展活动、交流等，都构成学生实践体系，让学生在实践过程中，将优秀的人文精神内化为自身人格的一部分。学校要利用好第二课堂，要通过学生实践活动的组织，在校园内营造一种"博雅"的校园氛围；要让学生通过参与实践活动，学以致用，将课堂所学知识通过实践内化为自身气质的一部分，提高自身修养和素质。

1. 实践活动

实践活动要注重顶层设计，以"人"为核心，以传承文化为目标，要体现思想性、规划性和持续性，要培养学生质疑、思辨的创新精神。例如，可以在每一年的春季学期、秋季学期固定开展各类博雅实践活动，可以通过参观文化古迹、博物馆等交流活动来丰富学生人文知识的储备；通过开展"背诵、朗诵、吟诵"国学经典、中华诗词等来启发学生，弘扬中华传统文化；通过组织读书沙龙、读书会等研习小组、研讨会的形式，鼓励学生了解、学习、探讨人文知识，培养质疑、思辨精神；通过演讲比赛、辩论赛、人文知识竞赛等活动，将所学人文知识灵活应用，在乐趣中培养学生的兴趣，增加团队合作精神，将人文知识内化到学生内心，丰富学生的精神家园。

2. 校园文化

丰富多彩的校园文化活动是学生最热衷、最投入的内容。而校园文化是培养学生素质的重要环节，如学生的为人处世、合作交流、文体才艺、德行品质都将在校园文化活动中得到培养和展示。博雅教育的开展和完善，必须重视校园文化活动。

3. 学生社团

学校应该规范学生会、社团、新闻中心等组织，通过这些学生干部培养平台，塑造优秀的学生干部，影响广大同学。学院和各分院的科技文化节、艺术文化节，应充分梳理，去糙留精，紧密结合本院的特色，创造学生展现和锻炼的平台。精心打造学院文化品牌，如名师论坛、企业家论坛、大学生发展论坛等，通过文化品牌活动来引导学生。

应该大力开展高雅艺术进校园活动。成立艺术团，开展交响乐音乐会、交谊舞会、书法美术作品展，并邀请著名人士来校交流指导。同时，学院团委和各分院积极开展科技文化节、艺术文化节，共同推进艺术文化教育的发展。

4. 丰富博雅大讲堂

不断提升博雅大讲堂的层次和水平，讲授内容呈现多层次、多学科、多视角等特征。邀请声誉、学识水平较高的专家学者前来做讲座，为提升博雅大讲坛的层次和水平提供重要的支持；同时，注重本校专家学者的选拔与培养，为教师的成长提供平台。

5. 构建"赛教一体"的教学实践体系

"赛教一体、以赛促教、以赛促学、以赛促创"，推进学生创新创业训练和实践，不断提高创新创业人才培养水平，厚植"大众创业、万众创新"土壤。"赛教一体、课赛融合"让更多的学生参与到创新创业教育的过程中，实现专业教育与创新创业教育的融合。

（六）注重过程评价的评价体系

教育的目标是要收到预期的教育成效，而灵活多样的考核制度既可以提高学生的积极性，又可以检验学生的学习效果。因此，形成多元化的评价标准也是教育教学改革的重要环节。

1. 弹性学分制

在培养计划中加入对博雅教育、创新创业课程选修的规定学分，增加总学分的分值。例如，以规定创新创业学分必须修满6分为例，学生在学习一门2学分公共基础课的基础上，还需要选择至少两门的公选课和通识课，才能满足创新创业学分的要求。采取这种方式既推广博雅教育、创新创业课程，又能在课程选择上尊重学生的喜好，有利于学生更好地发挥所学的知识与技能。

高校探索建立多元化学籍管理制度，提供政策扶持，出台激励机制，鼓励优秀学生创新创业，使学生始终保有创新创业的动力与勇气，让教师积极投身于教育改革中。

"学分制是高等学校的一种教学管理制度，它以学分为计算学生学习分量的单位。"[①] 我国学分制有不同的形式，包括学年学分制、完全学分制和弹性学分制。其中弹性学分制的学制一般是四年，学习期限一般是3~6年，在规定的年限内获取培养方案所要求的全部学分即可毕业。学分制结合绩

---

① 赵雷洪：《高校完全学分制的实施及其保障措施》，《浙江师范大学学报》（社会科学版）2005年第2期。

点制、弹性学习年限、主辅修制、导师制等，在高校人才培养中起到了很好的推进作用，体现了以人为本的教育理念，发挥了学生在学习中的主体作用，有利于培养学生的创新精神、创新意识和创业能力。

2017 年教育部颁布的《普通高等学校学生管理规定》（以下简称《规定》）指出："学校可以根据情况建立并实施灵活的学习制度，对休学创业的学生，可以单独规定最长学习年限，并简化休学批准程序。"这有利于推动大学生创新创业活动的开展。该规定还明确指出："学生参加创新创业、社会实践等活动以及发表论文、获得专利授权等专业学习、学业要求相关的经历、成果，可以折算为学分，计入学业成绩"，"学校应当鼓励、支持和指导学生参加社会实践、创新创业活动，可以建立创新创业档案、设置创新创业学分"。

《规定》增加了创新创业学分认定，很多学校也制定和修订了一系列管理制度。例如，厦门工学院制定了《厦门工学院学分制学籍管理规定（2018年修订版）》（厦工教〔2018〕39 号）、《厦门工学院创新实践学分认定与管理实施办法（修订）》（厦工教〔2018〕50 号）、《厦门工学院创新创业工作管理办法》（厦工教〔2017〕38 号）、《厦门工学院"互联网+"大学生创新创业大赛奖励办法（试行）》（厦工教〔2017〕18 号）等，力图通过制度的建设为创新创业的教育工作提供有力的保障。近年来，我校参与创新创业活动的学生从无到有，并逐年增多（见表 5.4.5-1）。

表 5.4.5-1　创新创业情况统计表

创新创业情况 年度	休学创业	创新创业加分	互联网+
2016—2017	18	48	95（项）
2017—2018	10	120	477（项）

弹性学分制转换了学生和老师的角色，从过去的以讲授为主向以"学"为主、"教"为辅的培养方式转变，旨在培养学生学习的主动性和积极性，为培养创新创业人才提供了广阔的发展空间。在传统的教育教学模式中，是以统一的模式和标准去培养不同的学生，并且只强调教育的社会性功能，

从而忽视了其个体性功能。弹性学分制则反映了"以人为本"的教育理念，针对条件各异的学生设定个性化发展与社会性功能相结合的培养目标；尊重学生选择课程的权利，由学生选择专业，学校合理安排学习年限、学习进度和学习方式。例如厦门工学院制定了《厦门工学院学生重新选择专业实施办法》，有效地减少了学生转专业的意愿与数量。学生获得自主权后，会更加清晰地认识到自身的需求，在选择上会更加慎重。

随着我国"创新国家"目标的确立，创新创业人才成为市场急需的宠儿。为了适应市场上人才需求的变化，创新创业人才的培养成为我国高校的首要使命，尤其是民办高校，为了更好更快地适应人才需求的变化，就必须充分发挥其机制的灵活性，做到课程结构适应市场需要，专业设置满足市场需要。厦门工学院根据市场需求的变化及时调整专业设置、课程结构，积极探索新的人才培养模式，在博雅教育理念指导下，实施创新创业教育改革，形成博雅教育、专业教育与创新创业教育有机融合的"三位一体"的人才培养模式。通过人才培养模式的改革，让大学毕业生更好更快地适应人才需求的变化，在就业市场中占据主动地位。

2. 过程评价体系的建设

过程评价是相对于起点评价、结果评价而言的，起点评价、过程评价、结果评价这三者又是辩证统一的。在唯物辩证法理论中，运动是绝对的，静止是相对的，因此，在事物的运动变化过程中，起点、过程、结果都是相对的，这一阶段的起点可能是上一阶段的终点；在教育过程中，学生的发展也是动态的，这就需要教师根据学生变化、发展的过程与特点，及时调整教学计划，从而实现对学生学习的有效指导。

过程评价的目的是让学生在学习过程中得到发展，在具体实施的过程中，包括针对教学计划进行教学活动的及时反馈，并根据反馈做出及时的调节，不断地改变教学计划和教学方案，以实现教学目标。过程评价相对于以往的期末考评价方式而言，在一定程度上更能够体现学生的学习水平、学习能力。过程评价的方式是多种多样的，包括通过交流或者观察进行评价，通过作品的展示和动手操作来评价，让学生互相评价或进行自我评价等。

大学生学习过程评价是指"在大学本科学习所具有的内容选择多样性、学习切入多开端性等特点的基础上，根据大学生学习过程中输入的投入度、方式的自主性、成效的创造性、输出的个性化等学习特征，采用自评和他评的方式，对大学生学习过程的投入度、自主性、创造性及个性化等构成要素进行研究分析和价值评判的过程"①。

过程评价可以促进学生学习目标倾向性的实现，进而形成积极、主动的学习动机。同时，在教学规划方面，打破原来的以教学为中心的规划模式，形成以教师和学生为主体的规划目标。以往的教学规划是以教学内容为主，主要包括教学目标、内容、方法、过程、时间、测评等内容，教学的最终目标是实现知识的传授；而在过程评价模式中，学生与教师成为评价的主体，因此，教学规划的主体自然也包括学生和教师。另外，在过程评价中，教师的积极反馈对学生尤为重要，教师的情感支持和信息反馈，能有效地激发学生的学习兴趣，提升学生的学习效果。而过程评价同样可以培养学生的自评能力，使学生注重于对自身的反思，通过反思过程提高自我教育管理能力。在对学生进行正向激励与引导的同时，过程评价为学生留出一定的发展空间，尽力发挥自主性学习的优势与特点，并对学生给予适当的鼓励和支持，促使学生充分挖掘自身潜力，实现个性化发展。②

（七）书院制学生管理模式

欧美等发达国家在不断传承经典的人文主义思想传统的基础上，越来越注重培养具有社会责任感、博学多闻、积极参与实践活动的学生。博雅教育本身源自欧洲兴于美国。古希腊时期以非功利性为主要特点的博雅教育通过休闲娱乐进行人的心智能力的培养；近代的英国维多利亚时期将科学知识纳入学校教育体系成为博雅教育发展上的一大转折；及至当代，美国学者杜威和艾德勒在对现代普通教育与职业教育的融通研究基础上分析了劳动、休闲与博雅教育的关系，并且提出现代工业社会的博雅教育应当

---

① 牛亏环：《大学生学习过程评价研究》，博士学位论文，上海师范大学，2015 年。
② 同上。

打破狭隘的二分法，融通普通教育与职业教育，更加强调理论与实践的结合。

而书院制管理模式主要是把人才培养与文化活动相结合，在专业教育的基础上，结合博雅教育，提升大学生的综合素质。国内越来越多的高校正尝试突破传统的"学院－系部－专业"的培养模式，加强了教育管理模式的研究；不再笼统地谈素质教育，开始将目光转移到传承优秀传统文化的博雅教育的研究上来，且形成了一定的共识。然而，这些研究是比较分散的、非系统的，而且更多局限于个别教育学工作者；民办高校比较成功的书院制建设也缺乏系统的材料整理和理论升华；博雅教育育人模式如何与当代大学书院制育人模式结合，也缺乏深入的论证。

当今中国正在经历经济模式多样化、社会生活模式多样化、职业选择多样化等一系列的变革，在这样的背景下，大学生在个人兴趣、能力、品质等各方面也呈现出多元化的态势。这样的变化对于传统的教育模式提出了挑战。在应对新形势下大学生教育问题的挑战时，厦门工学院积极进行改革，尝试了书院制管理模式和博雅教育育人模式的耦合研究和实践。通过经验总结，我们试图寻找一条切实可行的实施路径，以便更好地弥补传统教学育人模式单一的缺陷，解决大学生全面发展和个性发展的矛盾，从而真正实现因材施教、文理偕同、教学相长的美好愿望。

该项改革的内容包括但不限于：国内知名院校的书院制建设特点和现状分析、博雅教育育人理念和书院制管理模式耦合的现状和存在的问题分析、厦门工学院博雅教育育人模式下的书院制管理模式的实施现状和问题分析、厦门工学院书院制（六个书院）建立和发展的特点和现状、书院如何跟学院在博雅教育理念下进行协同工作、将课改跟教改相结合建立联动机制、博雅教育视角下的书院制管理模式的改进建议，以及书院践行博雅教育理念的制度文件汇编等。

推行书院制学生管理模式，实行导师制，在培养学生过程中应遵循以下要求：

① 注重学生德育培养，建立全员育人机制；

② 优化读书环境，形成具有鲜明特色的学习社区；

③通过教师辅导、学生讨论等多种形式完善教育教学模式。

（八）拓宽视野的国际交流

《国家中长期教育改革和发展规划纲要》（2010—2020）强调："加强国际理解教育，推动跨文化交流，增进学生对不同国家、不同文化的认识和理解"，"加强内地与港澳台地区的教育交流与合作。扩展交流内容，创新合作模式，促进教育事业共同发展"[①]。在构建博雅教育体系时，既需要吸纳西方丰富的博雅教育理念，又需要借助东方儒家传统文化的思想，成功建立起独具特色的博雅教育。

在当今社会，职业教育仍过分强调专业，过度关注短期就业功能，博雅教育还处于边缘地位。教育改革首先要转变观念，对博雅教育的作用应该引起足够的重视，应上升为学校的人才培养战略。为此应通过加强国际交流研讨，在学习、借鉴的基础上，设计适合我们自己的博雅教育理念。

（九）师资与教材的建设

"博雅教育的核心是教学的实施。"[②]博雅教育的小班化、互动式、多样化教学，需要更多数量、更多种类、更高水平的教师。因此，学校需要组建一支与实施博雅教育相匹配的师资队伍。例如，美国顶尖文理学院的生师比在7∶1到9∶1之间，这就意味着文理学院比其他普通学校需要更多的教师。[③]

有些课程并没有合适的教材，开设博雅教育课程与创新创业课程的教师要从博雅教育的精神内涵出发，根据教学材料和教学内容选择教材，或者根据教学实际情况，在已有的教案与讲义的基础上，编写教材，形成与课程体系相配套的教材体系。

---

① 《国家中长期教育改革和发展规划纲要》（2010—2020），http://www.gov.cn/jrzg/2010-07/29/content_1667143.html。

② Eugene M L, Vartan Gregorian, "Distinctively American: The Liberal Arts Colleges", Daedalus, 1999, p. 135.

③ Ibid.

第六章 博雅教育的拓展研究

一、博雅教育视角下思想政治教育的美学教育

博雅教育担负着培养学生正确的人生观、世界观、价值观的重任，而高校的思想政治教育课程又具有较强的理论性与抽象性，相对比较枯燥，学生学习效果不佳。为了加强这门课的实效性，应从美学角度增加它的教学功能，从隐性课程与显性课程的角度来分析如何提高高校思想政治教育课的实效性。

（一）美学教育和谐社会发展理念的构建

德国美学家沃尔夫冈·韦尔施认为："美学对于生活，不应像今天普遍存在的那样，只是一种装饰的关系，而应是伦理／美学的权威。美学的表面可能作为设计的外形，然而，其伦理／美学的内核，目标却是公正。"① 按照韦尔施的说法，"美学公正"就是"对异质性的公正"，这意味着美学必须站在一种多元的立场上，对各种地域性差异、风格多样性等保持开放，而不是设定一种评判一切的美学标准。

_____

① 沃尔夫冈·韦尔施：《重构美学》，陆扬等译，上海：上海译文出版社，2002年，第101页。

对于社会人生的正面引导，西方美学已有传统。席勒的审美政治学思潮就具有利用审美引导政治和谐的功能。席勒说："为了解决经验中的政治问题，人们必须通过解决美学问题的途径，因为正是通过美，人们才可以走向自由。"① 实现外在的和谐必然通过人内在的和谐，而美正是人的内心自然的东西，而这种内在的东西通过外在显现，会给人带来道德、行为的良性选择。

美学对于人类完善知识结构的建构意义也十分明显。在康德的知识论体系中，美学作为沟通因果必然性的纯粹理性之"真"与主体自由性的实践理性之"善"的桥梁而存在；在黑格尔的哲学王国中，美也是作为融合知性认识与实践意志的产物而存在，"从美对主体的心灵关系上来看，美既不是困在有限的不自由的知解力的对象，也不是有限意志的对象"，"如果把对象作为美的对象来看，就要把上述两种观点统一起来，就要把主体和对象两方面的片面性扬弃掉"。② 同样，马克思本人也将美学作为人类把握世界的主要方式和结果之一，认为"艺术的、宗教的、实践－精神的"把握世界的方式，与"生产实践的"和"理论的"把握世界的方式，一起构成了人们把握世界的三种主要方式。③ 后来的哈贝马斯，在马克斯·韦伯观念世界的基础上，又将人的存在世界三分为"工具理性"主宰的世界、"价值理性"主宰的世界和"表现理性"主宰的世界。而作为审美的"表现理性"，俨然具有与其他理性同等重要的地位，并成为现代社会发展的重要一维④，它们共同建构起包括社会发展观念在内的整个人类认识的观念体系。美学的重要性到了 20 世纪美国实用主义哲学那里，被标举得更高：实用主义的价值学说将"审美价值"置于实用价值、科学价值、道德价值和宗教价值之上，认为艺术对于社会人生具有积极的建构作用和传达功能。如杜威强调"艺术即经验"，认为"经验是有机体在一个物的世界中斗争与成就的实现"⑤，这

---

① 席勒：《席勒散文选》，张玉能译，天津：百花文艺出版社，1997 年，第 156 页。

② 黑格尔：《美学》（第 1 卷），朱光潜译，北京：商务印书馆 1979 年，第 144—145 页。

③ 参见马克思、恩格斯：《马克思恩格斯全集》（第 42 卷），第 97 页。

④ 哈贝马斯：《交往行为理论》第 1 卷，曹卫东译，上海：上海人民出版社，2004 年，第 269 页。

⑤ 杜威：《艺术即经验》，高建平译，北京：商务印书馆，2005 年，第 19 页。

突出了审美欣赏中主体的积极性和对经验世界的建构性，美被理解为经验性品质，这种经验达到了内在的联系性和完整性，因而可以寄望于在审美的经验中建立起美学与生物性、社会性的联系。

（二）高校思想政治教育中的美学教育

思想政治教育有广义与狭义之分。广义的思想政治教育包括学校隐性课程与显性课程，具有对学生思想素质、心理素质、规范意识的培养与熏陶的功能，其中隐性课程包括校园文化与校园环境等，也包括学校各门课程中的思想政治教育内容；显性课程则包括高校思想政治教育的四门课程。

在高校思想政治教育课程抽象性与理论性的责难声中，我们可以考虑美学教育的渗透与实施，以美的维度来提升学生的思想境界、人生观与价值观。具体做法可以从以下几个方面考虑。

1. 对课程的处理渗透着美学教育

当今社会，传统的理性教育手法往往不能有效地达到思想道德教育的最终目的，情感教育和美学教育应该更为突出地体现自身价值。很多时候，人的道德认识和道德行为会产生矛盾，这个时候美育会把包含着理性内容的社会情感注入人的心灵当中，产生情感的冲击力，使道德认识和审美情感相结合，形成一股动力，推动认识到行为的转变。美育内容中的情感教育会在学生心灵中持久"挥发"，挥发产生的效果则融入思想政治教育当中，增强了思想政治教育的深刻性。因此，激发和促使受教育者在感情上接受思想政治教育将成为最有效的教育方法。我国当今大部分高校还是依靠传统的教育模式，思想政治教育内容比较定论化、单一化，没有实际的想象空间。而现在的大学生思想转变较快，不愿意接受以往传统的思想政治教育的模式。所以，今天的思想政治教育也要随时代发展加入不同的形式，美育可以依靠审美欣赏影响高校学生的思想和观念。爱因斯坦说过，真正的教育应该使人获得对美的鲜明的辨别力，否则他只是一种被训练得很好的狗而不是一个和谐发展的人。美育在激发和强化人的创造力的同时，大力提高了人的审美能力和创造力，而一个民族的创造力是支撑其立于世界经济之林的强力支柱。

2. 在课程设置上强化美学教育

美育涵盖艺术、美学、教育学、心理学等多领域内容，与此同时，它还是一门集审美教育、情感教育、人文教育为一体的综合学科。在课程设置上，高校目前的美育课程往往以选修课的形式出现，这在主观上淡化了美育的主动性和必要性。在美国等西方国家，美育早就成为一门通识教育课程，并被纳入必修课。如在美国哈佛大学和底特律大学等一些著名的高校，美育早就作为一门必修课开设。在我国，高校只要求以思想政治教育为主的德育必须修满一定的学分，美育课程则以选修课形式存在。这样的情况无疑削弱了美育在思想政治教育当中的作用。因此，我们在课程设置上，各高校可以根据各专业的情况开设不同的美育课程，发挥美育的生活性特点，针对文理科学生的不同优化课程设置。如理工科可以开设色彩搭配、装潢设计、烹饪等学生感兴趣的课程，帮助他们在生活中发现各种各样的美，提高他们的审美能力。

3. 校园文化等隐性课程的建设

校园是学生进行校内学习和活动的唯一场所，因此，校园文化建设显得尤为重要。《中国改革和发展纲要》明确指出："建设生动、健康的校园文化，树立良好的校风建设，使校园文化成为精神文明建设的强大阵地。"①

第一，创造良好的校园环境，建设整洁和谐的校园。校园环境的优美和整洁不但能促进学生的身心健康，而且可以给人以积极向上的精神面貌，使人在潜移默化当中感受到美的熏陶。校园公共设施投入和建设也要与时俱进，学校要给予一定的物质基础和财政保证。一些落后的器材和影响校园美观的陈旧物品要及时清除。我们经常看到不管是学生自习的教室还是开展讲座活动的学术厅都存在桌椅毁坏、音像设备残缺的情况，有时使得正常教学都无法进行，学生组织的日常活动也会因为学校公共设施的落后而无法正常举行。

第二，高校要积极开展校园活动，推动校园文化建设。校园文化是高

---

① 赵康：《高校学生素质内涵及素质培养模式初探》，《学海》2002年第1期，第30页。

校美育的一个重要组成部分。对可以发挥学生特长和展示学生才华的社团、学生会等，学校应该给予财力和物力的支持，为学生的发展提供空间。大学的社团不仅仅是学生的，也是思想政治工作者提高学生活动积极性的有力平台。高校应该给社团配备专业的指导老师，在学生开展活动中遇到困难的时候，能够为他们提供有效的帮助；在社团的运行机制等方面给予学生们更多的宝贵意见；积极介绍各行各业的优秀人才和专家为社团的发展提供指导。如摄影社团的指导老师可以邀请城市摄影协会的专家和在摄影界有影响的人来校进行摄影指导；舞蹈社团的老师可以邀请歌舞团、舞剧院的艺术家对学生进行舞蹈欣赏等普及课的授课等。学校也可以将学生在社团的表现与学分挂钩。目前，很多高校规定学生必须有1~2个社团成员身份，需要修满专属的社团学分方可毕业。这从一定程度上也激发了学生开展校园活动的积极性。

4. 利用社会资源提供美学教育的环境和条件

我国当今所建立的很多公共设施是参照各种审美标准建立的，体现了人文精神和审美愿望。电影院、科技馆、图书馆、文物古迹景点等场所都会使人们在参观娱乐的同时得到精神和情感的满足，在潜移默化中完成美学教育。在大学寒暑假期间，高校可以组织大学生在假期游览有特点的人文景观。美学教育也是由人来实现的，社会上人的言行举止、穿着打扮、对生活的态度、人与人之间所形成的社会关系等都是社会氛围形成的必要条件，和美育都有着尤为密切的关系。如果我们的学生能够有礼貌、懂得谦让，彼此之间能够互相关爱，那我们的校园将会是一个和谐美好的校园。席勒说过："理性使人们树立起社交的原则，而只有美能赋予他社交的性格。"[1] 人与人的友好交流也是美学教育的一种形式，一个有道德修养的人，一个能时刻用道德规范要求自己的人，他的生活也会是美好的。美育是培养高素质人才不可缺少的一个重要部分。随着社会的发展和教育的改善，美育将会深入人心，成为素质教育中最重要的教育方式之一。

---

[1] 席勒：《美育书简》，张玉能译，南京：译林出版社，2009年，第120—165页。

二、实施博雅教育相关改革的保障措施

人才培养模式的完善与健全需要学校各个部门之间的分工合作。自上，需要博雅教育的顶层设计；至下，需要教学部门、学工部门、文科学院、理工科学院等各个部门的协调合作。具体保障措施如下。

（一）框架：制定人才培养的顶层设计

新时代博雅教育需要从宏观层面进行设计，以便各个部门之间明确分工、细化责任，形成和谐、全面的博雅教育运行机制。学校层面的博雅教育制度设计，需要高屋建瓴，控制全局，既有总体的目标性规划，也要掌握各个部门所应该承担的博雅教育的职能，即把博雅教育作为一个有机的系统进行研究，制订出长远目标与近期目标、总体目标与具体目标、学校目标与部门目标。

（二）核心：师资队伍的保障

清华原校长梅贻琦先生说过，"所谓大学者，非谓有大楼之谓也，有大师之谓也"。因此，学校要多部门联动，制定完善的教学改革激励机制，在职称评审、评优评奖、教师培训、在职学习等方面，向开展博雅教育、创新创业教育的教师倾斜，调动教师从事博雅教育以及创新创业教育的积极性，建立一支教学水平高、综合素质强、人员相对稳定的师资队伍。另外，注意学科带头人的培养与选拔，以提高教育教学的整体质量与成效。

（三）重点：博雅教育课程安排

博雅教育课程是实施博雅教育的具体平台，因此，博雅教育课程的安排是博雅教育的重点，因此，应该从以下几个方面做好博雅教育课程的安排：① 教学方面：做好教学大纲、授课计划和教学实践教案的规范化工作，并鼓励教师出版教材；② 选课方面：做好学生的选课指导，鼓励学生根据自己的性格、偏好来选课；③教学管理方面：合理安排课程时间，合理安排博雅教育课程、实践教学课程、课堂教学课程的比重，为博雅教育的普及与推广提供切实可行的方案；④考评方面：完善听课、评课制度，通过专家评教、同行评教和学生评教等多种方式对博雅教育课程质量进行评议，并不断改进提高。

（四）保障：学校各部门之间的协调运作

博雅教育需要学校各教学部门、管理部门的协作。学校作为一个有机整体，在博雅教育的实施过程中，除了教学部门的具体工作外，学校其他部门在博雅教育中都需要各司其职，从而形成博雅教育的合力。从领导到各个行政部门以及教学部门的分工协作是实施博雅教育的有力保障，各个部门分工如下：第一，校级领导层面，实施博雅教育的顶层设计，督促学工部及财务部的工作；第二，相关研究机构，督促教材编写，引导课程开发；第三，文科学院，设立"博雅教育实验班"，完成校园文化建设的总体设计；第四，教务部，设立合理的课程体系，形成完整的考评机制，组织合理的课外实践活动；第五，学工部，完善书院制管理模式，确立导师、班主任，完善学生社团建设；第六，财务部，保证合理的经费开支。除此之外，合理的经费支出是博雅教育各项活动开展必不可少的基础保障。教材的出版、资料的搜集、资深学者的聘请、校园文化的建设、基础设施的完备、培训费用等，都需要经费支持。另外，后勤保障部门也应在校园建设的硬件方面予以支持。

（五）主体："以学生为中心"的教育理念

杜威认为，要使学校成为实践基地或者是培养公民的民主意识的教育机关，学校必须进行根本的改变，不应再以教师的讲授为重点。博雅教育要凸显"人本关怀"的教育理念，坚持"以学生为中心"，尊重学生自身的兴趣和意愿，培养他们学习的自觉性和主动性。在具体的教育实施过程中，例如在选课方面，做好博雅教育的选课指导，鼓励学生根据自己的性格、偏好选课。在具体的授课过程中，理论与实践相结合，鼓励学生思考并大胆质疑，营造自由、开放、积极合作的课堂氛围。在课程考核过程中，注重过程考核，包括学生平时的课前准备、课堂表现以及课后复习；把学生学习的主动性、创新思维能力、动手能力等作为考查的重要内容。在能力与素质发展中，提高学生预习，查阅、分析资料，课后撰写总结报告的能力；让学生重视个人能力与修养。此外，社会实践活动也是实施博雅教育的重要途径。

（六）氛围：校园文化的深厚滋养

在高校学习生活期间，学生的思想、行为方式等会深深烙上所在学校的印记，在这种印记中，校园文化建设是不容忽视的重要因素。高校校园文化以高校办学传统、办学特色为基础，存在于校风、校训、校规、校纪等精神品格中，体现在基础设施、校园环境、文化景观等外在的物质表现形式上，形塑为该校师生的行为准则、价值取向和思想观念。因此，高校校园文化是高校整体素质的体现，外化为师生的理想追求、思维方式、价值观念、行为习惯，高校校园文化建设是营造良好的育人环境和学术氛围的重要途径。

三、博雅教育、专业教育与创新创业教育三位一体人才培养模式的理论建构

博雅教育与专业教育究竟哪个是教育的重点是西方教育界一直以来争论的焦点。在实践上，16 世纪之后，英国的剑桥和牛津两所大学的宗旨渐渐变成了造就政界与宗教界的精英，到 19 世纪后博雅教育在一定程度上才得以回归学校。而 17、18 世纪的德国、法国、意大利则变成了以专业学院为主导的大学。美国的博雅教育一般是在两年通识教育基础上，基于学生自主选择，从而确定专业。由此可见，专业教育与博雅教育之间的关系一直是博雅教育探讨的热门话题，对于近代以来日益细密的专业化分工而言，如何调整两者之间的矛盾，培养既能服务社会，又全面发展的人才是教育需要解决的重要课题。

而在国内高校教育改革中，为了加快实施创新驱动发展战略、促进经济提质增效升级、促进高校毕业生更高质量创业就业，2015 年 5 月，国务

院办公厅专门印发了《关于深化高等学校创新创业教育改革的实施意见》，提出深化高校创新创业教育改革，并做出系统的设计和全面的部署，形成了由教育部、发展改革委员会、科技部、工信部、财政部等多部委协同推进的工作机制。

　　如何在博雅教育理念下，实施创新创业教育改革，形成博雅教育、专业教育与创新创业教育有机融合的"三位一体"的人才培养模式是本章研究的主要内容。我们在借鉴国外博雅教育的同时，对其进行本土化的研究，协同专业教育与创新创业教育，对实施"三位一体"人才培养模式的改革实践进行探索研究，力图形成较为成熟的、具有推广价值的人才培养模式。

（一）三者的相关性分析

　　博雅教育、专业教育与创新创业教育"三位一体"人才培养模式需要博雅教育、专业教育与创新创业教育有机融合，在专业教育中实施博雅教育，在创新创业教育中完善专业教育所需的理论与技能，并培养学生适应社会发展所需要的创新创业能力以及符合时代发展特点的人格特征。博雅教育、专业教育与创新创业教育是新时代完善大学生人格素养的重要手段。在注重专业教育的同时，着重从立德、修心、正信、强身等方面深化教育改革，培养具有扎实专业知识与较高人文素养的受教育者，为社会输送创新创业型人才。博雅教育是培养人文素养的教育，专业教育则是培养科学素养的教育，而创新创业教育则是在培养学生创新创业能力基础上，让学生养成协作、诚信的人格品质，进而适应人工智能时代、大数据时代发展的要求。

（二）一体配合的教育合力

　　博雅教育、专业教育与创新创业教育有机融合的"三位一体"人才培养模式是厦门工学院的一大创新。其中博雅教育培养学生如何以德树人，做文化人，树立正确的人生观；专业教育就是掌握本专业的专业知识、专业技能、专业应用，而实验教学、金工实习、实训技能则是培养现代化应用型本科人才的关键环节，同时为学生今后做好本科毕业设计、走向社会打好专业基础，使之能很快地适应社会；创新创业教育培养学生如何利用所学知识进行创新方法、创新思维的技能实践，进而，为创业做好思想、条件上的储备，择机创业。所以在"三位一体"人才培养模式中，专业教育是支撑、是关键。

从只注重专业教育转到实施博雅教育、专业教育与创新创业教育有机融合的"三位一体"的教育，一方面需要从教学实践、科学研究、制度建设等角度提供保障；另一方面需要学校各级教学部门与行政部门的配合；另外，也需要学校顶层设计指导规划和完善制度（见图6.3.2-1）。

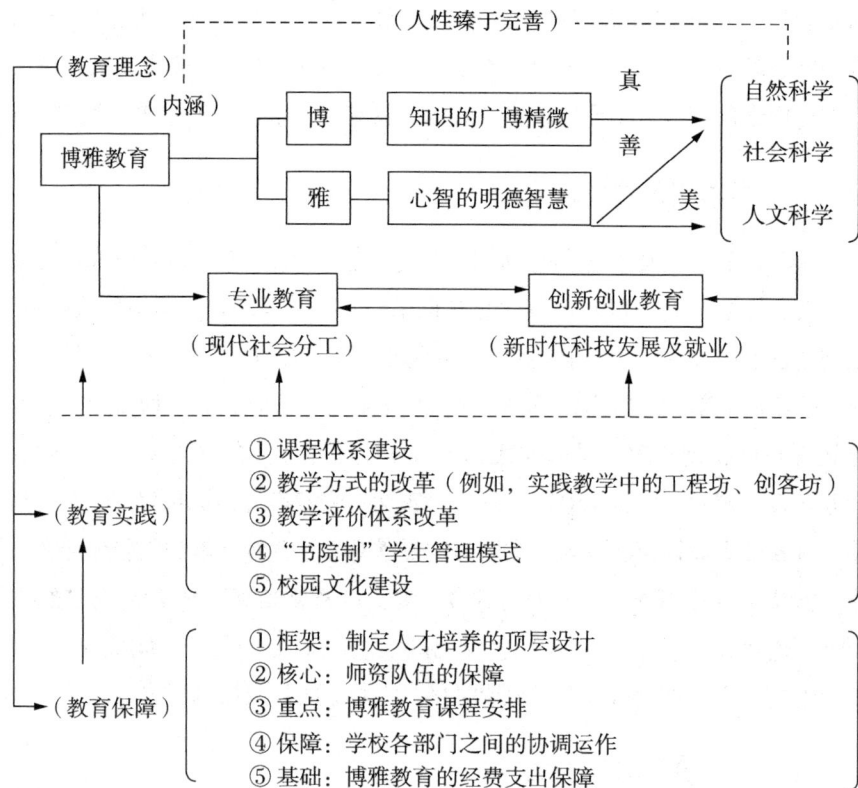

图 6.3.2-1 "三位一体"人才培养模式的研究思路

（三）一体融合可能遇到的问题及解决方法

博雅教育、专业教育与创新创业教育有机融合的"三位一体"人才培养模式在一体融合的过程中会遇到一些问题。博雅教育与专业教育的矛盾由来已久，不同时期、不同的流派给出了不同的解决方案。总体上说，就博雅教育与专业教育是否对立形成了两种观点：第一种观点认为，应以古典博雅教育为主，更注重人格的培养。第二种观点则认为，随着社会分工的不断发展，专业教育的地位日渐提高，两个都重要，不可偏废。例如，以赫胥黎为代表的学者认为：博雅教育是专业教育的一部分，专业教育含有博雅教育[1]；纽曼则从知识全面性的角度分析具有人格教育意蕴的博雅教育是培养人的重要方式，自由教育是培养人的"判断力、敏锐力、洞察力、见识力、心智的理性延伸力以及才智的自制力及沉着力"[2]，大学的专业教育则是为工作生涯做准备，两者并不矛盾。而创新创业教育则是博雅教育与专业知识教育合力的结果，旨在培养适合当代社会需求的全面性、开创性的人才。因此，博雅教育、专业教育与创新创业教育"三位一体"合力的解决思路如下：

1. 推出创新创业教育体系

"大众创业、万众创新"为民办高校带来弯道超车的历史机遇，民办高校具有体制、机制灵活的优势，可以在新一轮竞争中抢抓先机实现快速转型。厦门工学院充分挖掘创新创业教育资源，成立创新创业领导小组，统筹大学生创新创业，各职能部门分工协作，形成多方协作、协同育人的创新创业教育体系（详见图6.3.3-1）。

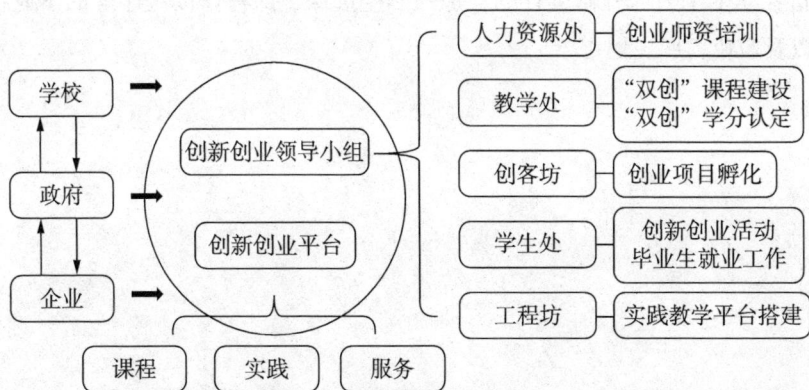

图6.3.3-1 厦门工学院创新创业教育体系

---

[1] 转引自朱镜人《英国教育思想之演进》，北京：人民教育出版社，2014年，第114页。

[2] 约翰·亨利·纽曼：《大学的理想》，徐辉、顾建新等译，杭州：浙江教育出版社，2001年，第72页。

学校成立工程坊，为学校的创新创业教育搭建平台，工程坊设置实验教学中心、工程实训中心、创新实践中心和工程文化馆，管理实践教学环节。学校设立创客坊，为大学生创业提供辅导平台，并进行大学生创业项目的开发与对接。在机构设置上，设立创新创业领导小组全面统筹学校创新创业教育与学科竞赛工作，确保各项工作落实，助推创新创业人才培养。

2. 修订专业人才培养方案，完善创新创业教育人才培养体系

作为保障教学和人才培养的纲领性文件，学校在修订人才培养方案的过程中，围绕创新创业人才培养目标，优化课程体系，并将创新创业教育融入人才培养全过程。学校相继开设职业教育和职业发展基础理论课程，此外，还开设了一批创新创业选修课程。同时，相应地减少专业课程的时数，增加实践课程。学生可以根据兴趣选择课程，为创新创业做准备。在创新创业项目中取得优异成绩的学生，可将其成绩转换为创新创业课程学分或进行加分认定。

3. 完善导师制

学业导师制是学分制的关键。学业导师需要根据学生特点、特长和志向指导学生个人课程修读计划，加强学生选课、课程修读次序等的学业指导以及职业发展规划指导。

第七章 博雅教育本土化实践研究——以厦门工学院为例

厦门工学院作为一所新兴民办本科高等院校，在办学实践中，奉行"立德树人、以文化人"的教育理念，全面实施博雅教育、实行书院制的学生管理与教育方式，运用 CDIO 工程、翻转课堂、MOOCs、工程坊、校企合作等一系列现代教育手段，构建了一个传统文化教育与现代技术教育相融合的教育体系。学校与多家大型企业建立了教学科研合作关系，同时建立了大量的校外实习基地，校内外教学联通互动，学以致用，实现产、学、研的相结合。另外，学校还广泛开展与国内外知名大学的合作，并与西安交通大学、华侨大学、台湾元智大学、加拿大维尔弗雷德·劳里埃大学等多所高校建立战略合作关系，丰富了教育资源，提升了办学水平。

一、中华优秀传统文化融入思想政治理论课教学

中华民族五千多年文明历史所孕育的优秀传统文化是中华民族的精神标识和精神给养，中国共产党在革命战争时期的红色文化和改革开放后的中国特色社会主义文化与中华优秀传统文化是一脉相承、息息相关的，是大学生进行思想政治教育的重要精神财富。

（一）中华优秀传统文化融入思想政治理论课教学的意义

2017 年 12 月 4 日，中共教育部党组 "关于印发《高校思想政治工作质量提升工程实施纲要》的通知" 中指出 "文化育人质量提升体系注重以文化人以文育人，深入开展中华优秀传统文化、革命文化、社会主义先进文化教育，推动中国特色社会主义文化繁荣兴盛，牢牢掌握高校意识形态工作领导权……" 是 "十大" 育人体系的基本任务之一。在高校思想政治课教学中，把培养具有坚定的中国特色社会主义道路理想信念的合格接班人作为首要任务，其中，理解和把握我国的文化传统、历史命运、基本国情是最基本的要求之一。而将中华优秀传统文化的相关内容融入思想政治课教学中去，既丰富了教学内容，创新了教学方法和手段，改善和提升了高校概论课教学效果，又坚持了中华优秀传统文化，弘扬了中华文化的时代要求。因此，本书对思想政治课教学的意义表现在以下几个方面。

1. 丰富思想政治教育的内容和方法

党的十九大报告指出，中国特色社会主义文化源自中华民族五千多年文明历史所孕育的中华优秀传统文化，熔铸于党领导人民在革命、建设、改革中创造的革命文化和社会主义先进文化，植根于中国特色社会主义伟大实践。在高校思想政治课教学实践中，首先应该充分发掘中华优秀传统文化资源，并进行创造性转化和创新性发展，丰富思想政治教育的内容和方法，与时俱进，贴近学生的思想与生活，增强思想政治教育的实效性。

2. 培育大学生的文化自豪感

中国人的家国情怀、修齐治平的人格理想是深受大学生认可的重要文化资源。通过对优秀传统文化的把握，大学生可以更好地体验中华文化的精髓与自身生活的关联，提升其道德素质和人文素养、增强民族价值认同感，增强大学生的民族自豪感和文化责任感。

3. 构建大学生的精神家园

高校思想政治教育是培养大学生形成正确 "三观" 的重要途径，通过对中华优秀传统文化等文化资源的阐释，可以更好地帮助大学生认清复杂的思想文化环境，不随波逐流。在高校的教育实践中，用优秀的文化来武装大学生，对于树立坚定的中国特色社会主义理想信念具有重大的现实意义；对于探寻促进高校思想政治教育与中华优秀传统文化之间良性互动的有效机制，增强思想政治课的实效性，提升学生的思想道德素质与人文素质，坚定中国特色社会主义理想，以及促进社会主义先进文化的建设等，都有着重要的理论意义与现实意义。传承中华优秀传统文化，弘扬时代精神，在新时代背景下更好地发挥思想政治理论课对大学生思想教育的主阵地作用。通过相关内容的研究，丰富思想政治教育教学内容，探索思想政治教育教学有效的、多样化的实现手段，提升思想政治教育教学效果。

（二）中华优秀传统文化

1. 文化

文化是一个民族文明的基因，对人们的精神世界和善恶取向具有重要的教化作用。中华民族优秀传统文化是全国各族人民在长期的生活实践中形成的精神文化总和，不仅有物质形式的表现，还有民族思维和价值取向等精神形式的内核。[①]

文化是软实力最为核心的内容，它是以一定的价值观为基础，并由一系列的制度所保证的。广义的文化包含价值观与制度。狭义的文化是指以伦理、道德教导世人，使人成为在思想、观念、言行和举止上合乎特定礼仪规范的人，即"以文化人"[②]。文化作为一种社会意识形态，是"以经济发展为基础的。但是，它们又都互相影响并对经济基础发生作用。并不是只有经济状况才是原因，才是积极的，而其余一切都不过是消极的结果。这是在归根到底不断为自己开辟道路的经济必然性的基础上的互相作用"[③]。

首先，经济基础决定上层建筑的文化在不同的地域、不同的时代都有不同的表现。例如，古代东方的农业生产生活方式孕育了华夏文明。以农业为主的生产生活方式注重生活的稳定性，重视地缘关系，而在稳定的社

---

① 朱云生：《中华优秀文化融入高校思想政治课教学研究》，《吉林教育》2020年21期。

② 朱成全：《企业文化概论》，大连：东北财经大学出版社，2010年，第2页。

③ 马克思、恩格斯：《马克思恩格斯选集》（第4卷），北京：人民出版社，1972年，第506页。

会中，地缘是血缘的投影，这就决定了重血缘、尚稳定的东方文化的特征。紧密的血缘纽带使东方文化更关注人与人之间的关系。因此，重视伦理道德的文化导向以及与之相适应的政治、法律、宗教等思想，构成了东方文化的重要特征；而古希腊、古罗马是西方文化的源头，古希腊、古罗马商业生产生活方式决定了蓝色文明或西方文明开放性、平等性等的内在特点，也决定了西方文化重个性、尚平等、重自由的文化特征。其次，马克思主义认为，虽然经济基础决定文化意识形态和整个上层建筑，但是，文化意识形态具有相对独立性，对于经济基础具有重要的反作用。任何一种文化都是一个国家历史的积淀，都是对这个国家以往文化的继承以及与时俱进地创新转化的结果。在庆祝中国共产党成立 95 周年大会的讲话中，习近平总书记指出："文化自信，是更基础、更广泛、更深厚的自信。在 5 000 多年文明发展中孕育的中华优秀传统文化，在党和人民伟大斗争中孕育的革命文化和社会主义先进文化，积淀着中华民族最深层的精神追求，代表着中华民族独特的精神标识。"① 中华优秀传统文化、革命文化、社会主义先进文化是中华民族的精神标识，为中华儿女打上了深深的民族印记。其中，革命文化与社会主义先进文化是在对中华优秀传统文化创新继承的基础上，以马克思主义及其中国化理论为指导的现代新文化。同时，文化又是某一历史阶段代表统治阶级利益的思想意识形态，统治阶级以这种思想意识形态教导世人，使人的思想、观念、言行和举止符合这一时代的主流价值观、制度或政策，并形成文化软实力，在政治与经济等发展和治理中发挥着重要的作用。在我国，以马克思主义及其中国化理论为指导的革命文化与社会主义先进文化，在波澜壮阔的革命战争与社会主义建设中，引领着全国人民前进的正确方向。

2. 中华优秀传统文化

中华优秀传统文化不仅包含古人创造的历史文化成果，还包括近现代以来创造的新文化内容。中华文化总体上是以生命和伦理为核心，通过道德标准对民族成员进行价值引导。中华民族文化渗透在民族的血液之中，

---

① 《习近平谈治国理政》（第 2 卷），北京：外文出版社，2017 年，第 36 页。

具体表现在民族思维、生活习惯和行为方式等方面。根据《中共中央关于全面深化改革若干重大问题的决定》的文件精神，高等院校要坚持社会主义办学方向，全面树立教书育人的人才培养目标，加强高校大学生的思想政治教育工作，强化大学生的民族优秀文化教育工作，从而实现大学生的科学成才。要想实现这一目标，就需要挖掘民族优秀传统文化的价值，发挥其思想政治教育的引领作用。

3. 中华优秀传统文化与高校思想政治理论课的相关性

中华优秀传统文化与高校思想政治理论课的相关性首先表现在人才培养目标的一致性上。高校思想政治理论课在人才培养方面的目标明确，就是帮助大学生树立正确的世界观、人生观、价值观，为成为德智体美劳全面发展的社会主义事业的接班人打下基础。因此，思想政治教育理论课兼具意识形态属性和文化属性。

意识形态属性是指在意识形态领域坚持用马克思主义理论武装大学生的头脑，坚定他们对中国特色社会主义的理想信仰。文化属性则体现在思想政治教育以文化传承创新发挥文化育人的功能。文化作为一种精神力量，影响人们的思维方式和行为方式，更影响着人们的世界观、人生观和价值观。中华优秀传统文化中"修身、齐家、治国、平天下"，育人目标层次鲜明，内涵丰富。习近平总书记曾引用"修其心，治其身，而后可以为政于天下"（《洪范传》），来强调自身修养的重要性。"大学之道，在明明德，在亲民，在止于至善"（《大学》），传统文化与高校思想政治理论课在立德树人方面各存功能，殊途同归。

传统文化包含的人文精神形成一定的道德标准，对提高大学生的审美情趣、塑造健康人格、构筑完备的思想体系具有奠基性作用。因此，将中华优秀传统文化融入高校思政课中，以应对新时代背景下多元文化发展的需要，对于思想政治理论课教学目标的实现，有着特殊的作用。

（三）中华优秀传统文化融入思想政治理论课教学的具体实施

将中华优秀传统文化融入思想政治理论课的教学势必要遵循一定的原则，即重视培养大学生的文化人格，突出文化在教学体系中的地位，促进知行转化，改革教育教学方法，建立思想政治教育网络资源库，不断提升教师的文化素养等。并且，这种融入根据不同的课程有所侧重。

1. 原则

中华优秀传统文化如何与新时代相结合，进行创造性转化和创新性发展是当前的重要课题，而如何将优秀传统文化与教育理念、教育内容等相结合，形成中国化的教育理论更是教育工作者当前面临的问题。根据教学实践和教学经验，笔者认为，中华优秀传统文化融入教学需要遵循一定的原则。

（1）重视培养大学生的文化人格

中华优秀传统文化丰富的人文内涵，对提升高校学生的人文素养形成及时有效的补充。如，中华民族精神能够增强大学生的民族自信心和民族认同感；诸子百家的思想有利于培养大学生的独立精神；勤俭节约、博爱、慎独等道德准则，有利于提升大学生的道德境界；"苟日新，日日新，又日新"的思想，激励大学生勇做开拓者。当下，高校要培养的学生既有正确的政治方向，具备科学的世界观与方法论，又掌握中华优秀传统文化的基本精神内涵、人文精神和高尚道德。将中华优秀传统文化融入高校思想政治理论课，弥补高校思政课人文素养教育的不足，大学生才能净化自身的灵魂，养成健全的人格，坚定中华民族文化自信，成为时代和社会发展所需要的人才。

（2）突出文化在教学体系中的位置

中华优秀传统文化滋养了一代代中华儿女的精神品质和审美情趣。大学生要成为时代新人，不仅要掌握专业本领，还应该在人文素养方面不落人后。将中华优秀传统文化融入高校思政课，主要着眼于提升大学生的人文素养，促进其全面发展。人文素养包括文化知识素养、思维方式、价值观等个性品格。高校思想政治理论课具有政治引导性，也应承担开启人的心智、启迪人的灵魂的责任，从而提升学生的人文素养。

（3）促进知行转化

首先要紧密结合新时代中国特色社会主义实际，提炼与时代发展相适应的要求。习近平总书记对中华优秀传统文化的根源性作用和传承弘扬的重要性进行了阐发，同时对传统文化的内涵在结合时代需要的基础上进行过一定的概括。例如，习近平总书记在纪念孔子诞辰 2565 周年国际学术研讨会开幕式上谈到，世界上一些有识之士认为，包括儒家思想在内的中华优秀传统文化中蕴藏着解决人类面临的难题的启示，如"为政以德""革故鼎新""知行合一""群策群力"等[①]；在中共中央政治局第十三次集体学习时，习近平总书记将中华优秀传统文化的时代价值阐发为"讲仁爱、重民本、守诚信、崇正义、尚和合、求大同"等。习近平总书记的这些精辟概括，紧扣时代要求，结合传统文化的思想内核和特点，系统梳理了中华优秀传统文化资源，为中华优秀传统文化现代价值转换提供了方向指导。习近平总书记也提供了方法论指导。如，他在中共中央政治局第十三次学习时指出："对历史文化特别是先人传承下来的价值理念和道德规范，要坚持古为今用、推陈出新，有鉴别地加以对待，有扬弃地予以继承。"[②] 明确了对传统文化应当辩证地继承，并坚持创造性转化，"使中华民族最基本的文化基因与当代文化相适应、与现代社会相协调，以人们喜闻乐见、具有广泛参与性的方式推开来"[③]。习近平总书记高屋建瓴的讲话，对传统文化融入高校思政课具有重要意义。因此，思想政治理论课教师一定要高度关注习近平总书记关于传统文化方面的讲话精神，将其及时融入思想政治理论课程教育教学当中。

（4）改革教育教学方法

将中华优秀传统文化融入思想政治理论课教学中，还需要改革教育教学方法。要贯彻以学生为主题的理念，发挥学生的主动性。第一，利用探究性教学，互动启发式教学方式，调动学生学习的积极性与主动性，要注意教学内容和学生的身心适应情况，也应当注意教学方法与教学内容内在的契合。第二，改变权威结论式教学为问题研讨式教学。传统文化与高校

---

① 《习近平在纪念孔子诞辰 2565 周年国际学术研讨会暨国际儒学联合会第五届会员大会开幕会上的讲话》，《人民日报》2014 年 9 月 25 日，第 1 版。

② 《习近平在中共中央政治局第十三次集体学习时强调：把培育和弘扬社会主义核心价值观作为凝魂聚气强基固本的基础工程》，《人民日报》2014 年 2 月 26 日，第 1 版。

③ 同上。

思政课的结合是开放的主题，学生掌握的信息并不比教师少，因此，传统的权威式结论并不适合当下。在教学过程中，根据具体授课内容设置与中华优秀传统文化相关的问题和案例，以问题为导向，通过小组讨论、社会调研、答辩等环节来让学生在探究中进行深入了解和认同，主动将中华优秀传统文化内化于心。第三，要采取开放式教学。教师应当在讲授的基础上，根据学生的现实情况和专业特点，添加中华优秀传统文化的内容，为学生提供与时俱进的信息。同时采取灵活的方式，充分激发他们研究中华优秀传统文化的兴趣。

（5）建立思想政治教育网络资源库

互联网的快速发展正在改变传统的教学方式，大众传媒本身已成为弘扬中华优秀传统文化的重要角色，一些宣传优秀传统文化的节目，深受大学生喜爱。在课堂教学中，教师应当借助大众传媒的力量提高学生兴趣，引起学生共鸣。大众传媒丰富了高校思想政治理论课的教学手段和方式，教师通过高校思政课的网站和微信公众号，可方便地推送关于传统文化和思政课结合的信息。通过多媒体运用，以图文并茂和生动活泼的形式，与学生进行思想和情感的渗透和互动，使学生既学习了相关思政课内容，又受到中华传统文化的熏陶。

此外，教师还可以开展课堂活动丰富教学形式，如课堂观影、课堂演讲等方式，积极引导学生进行思考。通过丰富的资源和形式，提升大学生对中华优秀传统文化的兴趣，提高高校思政课的实效性。

（6）不断提升教师的文化素养

当今大部分高校思想政治理论课教师，都缺乏将中华优秀传统文化融入高校思想政治理论课的深厚功底和能力。这与教师的知识结构、课堂教学能力紧密相关。不具备中华传统文化素养，就不可能成为一个能结合中华传统文化特点用中国话语阐述马克思主义基本理论内涵的教师。

中国大地上率先接受马克思主义的知识分子都有着深厚的传统文化根基，他们往往从中国传统儒家文化出发来理解和认同马克思主义，早期马克思主义中国化理论带上了中华优秀传统文化的烙印。然而近年来，马克思主义研究者和教学者对传统文化的重视程度以及传统文化底蕴也逐渐薄弱。并且，随着教育分科制度，学者的知识结构只侧重于自己的专业学科，对中华优秀传统文化的研究较少。这就造成了大部分高校思想政治理论课教师在传统文化方面的积累不够。

兼通马克思主义理论与中华优秀传统文化的师资队伍，是提升中华优秀传统文化融入高校思政课效果的重要因素。在教学能力方面，部分思想政治理论课教师课堂把控能力不足，无法在课堂上吸引学生的注意力，导致教学效果不理想，这样不仅不能达到提高教学效果和弘扬传统文化的目的，反而可能会适得其反。

2. 中华优秀传统文化融入思想政治课程

文化丰富了高校思想政治教育内容；反之，高校思想政治教育创造性转化、创新性发展了文化内涵。社会主义先进文化就是以马克思主义为指导，以培育"四有"公民为目标，发展面向现代化、面向世界、面向未来的、民族的、科学的、大众的社会主义文化，其精髓是社会主义核心价值体系。弘扬和培育社会主义核心价值体系、培养中国特色社会主义合格建设者和可靠接班人是高校思想政治教育的核心内容和根本任务。中国人的家国情怀、修齐治平的人格理想是贴近大学生实际的重要文化资源。通过对优秀传统文化的把握，学生可以更好地体验中华文化精髓与自身生活的关联，提升其道德素质和人文素养、增强民族价值认同，增强自身的民族自豪感和文化责任感。在思想政治课的教学过程中，马克思列宁主义、毛泽东思想、邓小平理论、"三个代表"重要思想、科学发展观、习近平新时代中国特色社会主义思想都蕴含着丰富的文化内涵，是文化自信的内容和载体，以此可以教育学生实现传承文化、提升文化自信的目标，同时实现完善学生人格、使其成为社会主义的建设者和接班人的目标。

（1）融入"基础"课教学

"思想道德修养与法律基础"（简称"基础"课）的主要内容是理想信念教育，引导大学生树立正确的三观，提升道德素养等。这门课程与中华优秀传统文化结合最紧密，教材中不少章节都有传统文化的内容，有些章节对传统文化进行了详尽的阐释。"基础"课主要包括两个部分：思想教育，即针对人生观、理想信念、社会主义核心价值观等的教育；道德教育，明确让学生借鉴优秀道德成果、遵守公民道德准则，其中有些是结合新时代的需要对传统道德的发展，有些则是对传统道德的继承。

例如在该课程第二章"理想信念"教育中，可以在马克思主义理论指导下，以中华优秀传统文化为重要的转化资源进行展开。该章旨在促使学生追求远大理想，坚定马克思主义崇高信念。儒学中有系统的"三纲八目"学说，即明明德、亲民、止于至善、格物、致知、诚意、正心、修身、齐家、治国、平天下，都将立世为人作为追求目标。这一学说所具有的浓厚实践色彩影响了一代又一代中国知识分子将自身价值实现与国家发展相结合。这与引导大学生树立社会主义远大理想的教学目标不谋而合。

在第三章"弘扬中国精神"中，我们可以对民族精神进行详细展开。例如，抓住传统文化中"志当存高远"的理想观、"虽九死其犹未悔"的信念观、"君子有道"的道德观等契合点，开展价值观、道德观和法律观教育。

在第五章第二节明确了要传承中华传统美德，而中华优秀传统文化中具有"夙夜在公""国而忘家，公而忘私""苟利国家生死以"等强调责任奉献的思想和精神；"己欲立而立人，己欲达而达人""亲亲而仁民，仁民而爱物"推崇仁爱和以和为贵的精神；"父义""母慈""兄友""弟恭""子孝"的五教以及"父子有亲、君臣有义、夫妇有别、长幼有序、朋友有信"的五伦说，"仁、义、礼、智、信""忠、孝、节、义"等道德原则体现了重道义的传统美德；"先天下之忧而忧""富贵不能淫，贫贱不能移，威武不能屈"的理想人格；重"自省""存养""克治""知耻""慎独"的道德修养。中华传统美德已经变成全民族的思维方式、价值观念、行为方式和风俗习惯，而道法自然、天人合一的思想，天下为公、大同世界的思想，自强不息、厚德载物的思想，经世致用、知行合一、躬行实践的思想，清廉从政、勤勉奉公的思想，俭约自守、力戒奢华的思想等，都体现了中国智慧，是大学生成长的重要精神给养。

"基础"课以理念转变为先导，以"思想引领"到"行为养成"为逻辑思路。通过对教材内容的深度研究和再组织，提炼教材内容体系中蕴含的中华优秀传统文化、革命文化、社会主义先进文化理论，以专题形式组织教学，并据此设计相应的教学结构、框架和程序。

（2）融入"纲要"课教学

我们把"中国近现代史纲要课程"（简称"纲要"课）内容分成四个模块：旧民主主义革命时期（1840—1919），新民主主义革命时期（1919—1949），社会主义革命和建设时期（1949—1978），中国特色社会主义道路建设时期（1978至今），革命道路、社会主义建设都是中华优秀传统文化的充分展示和生动体现。

"纲要"课介绍了中国近现代的仁人志士为中华民族的独立和富强前赴后继并最终选择社会主义的历史。这种抛头颅洒热血不怕牺牲的品质，正是中华民族不畏强敌、自强不息的民族精神，以及贯穿中国历史的爱国主义精神的体现。因此，在讲授该课时，应当引导学生加深对民族精神的认同感，升华爱国主义情怀，从而深刻理解和认同历史和人民选择的必然性。

第六章"中华民族的抗日战争"讲述了日军侵华，中华民族生死存亡的紧急关头，无数先烈用鲜血谱写了可歌可泣的爱国史。革命先烈们身上以民族国家利益为重的家国情怀，不畏强敌、血战到底的精神，铸就了中华民族的脊梁；体现了中华优秀传统文化中的爱国主义精神，以及团结统一、爱好和平、勤劳勇敢、自强不息的伟大民族精神。除了理性地讲解教材上的知识点外，上述内容都应该重点讲述。中华优秀传统文化中，有苏武十九年不改气节的矢志不渝，有霍去病的责任担当，有同仇敌忾、抵御外侮的优良传统，这些都是爱国主义在历史上的具体表现。抗日战争的胜利是对中华民族爱国主义精神的凝聚力和向心力的有力验证，在学习与了解这段历史中提升大学生对中华优秀传统文化的认同感。

（3）融入"概论"课教学

在"毛泽东思想和中国特色社会主义理论体系概论"（简称"概论"课）教学的具体设计中，以第二章、第三章为例，我们利用毛泽东诗词去梳理毛泽东思想形成的脉络体系。毛泽东诗词堪称中国革命史诗，是20世纪最优秀的中国文化代表，最具中国气派、中国风范。

"概论"课的内容主要是马克思主义中国化的理论成果以及我国当前的政治、经济、文化、外交等制度，将传统文化引入这门课的教学，主要体现在从政治和思想上引导学生理解和掌握中华优秀传统文化与马克思主义中国化理论的内在联系。马克思主义中国化理论是中国共产党人以马克思主义为指导，以中华优秀传统文化为基础，结合中国的实际国情形成的一系列独具中国特色的理论。马克思主义中国化理论体系中的价值观念和精神内涵，很多都渊源于传统文化。将传统文化融入该课程时，应当引导学生了解国情，理解马克思主义中国化的基本规律和经验，理解马克思主义中国化的创造性与创新性，激发建设中国特色社会主义的热情。

例如"概论"课中的"全面建成小康社会"战略布局，这一战略的详细展开蕴含了优秀传统文化中的良治善治的思想，体现了优秀传统文化与中国特色社会主义经济、政治、先进文化等方面的适应与协调。习近平总书记曾提到，"我国今天的国家治理体系，是在我国历史传承、文化传统、经济社会发展的基础上长期发展、渐进改进、内生性演化的结果"①。在教学过程中，引入传统文化相关部分，来帮助学生理解。"全面建成小康社会"中的"小康"一词，出自《诗·大雅·民劳》"民亦劳止，汔可小康"，意为生活比较安定，发展到现在是一个经济概念，是中国特色社会主义建设的前提和基础。这是对传统法家思想中"仓廪实而知礼节，衣食足而知荣辱"（《管子·牧民》）概念的继承和发展。在讲授时，还可以把传统文化中的大同社会与全面小康社会进行对比，形成对全面建成小康社会更全面的解读，加深同学们的理解。

（4）融入"原理"课教学

"马克思主义基本原理概论"（简称"原理"课）主要介绍了马克思主义政治经济学、辩证唯物主义、历史唯物主义以及科学社会主义等。其中马克思主义哲学和中华优秀传统文化有很多的共通点，因此，在课程设计中，要深入挖掘马克思主义哲学原理与中华优秀传统文化的契合点和相通性，也可以在课上运用传统文化的思想来进行讲解，对马克思主义原理进行更丰富的阐发。这既能够丰富传统文化概念内涵上升到科学理论的高度，

---

① 习近平：《全面建成小康社会　夺取新时代中国特色社会主义伟大胜利——在中国共产党第十九次全国代表大会上的报告》，2017 年 10 月 18 日。

获得现代化的阐释，又可以使马克思主义基本原理更为中国化，使学生能把握马克思主义的世界观和方法论，在理解社会发展规律的基础上坚定实现共产主义的崇高理想。

具体案例包括唯物辩证法、民本思想与群众史观、"天人合一"的和谐思想、经世致用与社会实践、大同社会与共产主义等。在具体的设计中，例如，"原理"课的第二章"认识的本质及其发展规律"，其主要内容是实践与认识之间辩证关系的理论，即实践是认识的基础，要正确理解和认识活动，必须联系人类的实践活动。马克思主义十分重视实践的作用，这与中华优秀传统文化重实践具有相通性，从《尚书》的"知之非艰，行之惟艰"（《尚书·说命中》），到荀子的"知之而不行，虽敦必困"（《荀子·儒效》），从陆游"绝知此事要躬行"（《冬夜读书示子聿》），到朱熹"知行常相须"（《朱子语类》卷九），注重实践的思想一脉相承。这些思想虽不能完全等同于马克思主义认识论的实践观，但与马克思主义认识论具有相通之处，是教学过程中可用的宝贵资源。

因此，在教学过程中，教师可以借助中华优秀传统文化中耳熟能详的话语来授课，使课程更易被学生理解和认可。另外，在授课过程中，充分认识到中华优秀传统文化一些思想存在的局限性，用马克思主义基本原理来进行辩证的解析，使学生在比较中学习，加深理解和印象。

3. 将中华优秀传统文化融入高校思政实践课

中央十六号文件指出，高校要以"坚持政治理论教育与实践教育相结合"为原则来对学生进行思想政治教育。实践课是对思想政治理论课的补充、延伸和拓展，能拓宽思想政治理论课的授课渠道。当前高校思想政治理论课教学大纲中，专门设置有实践课时。古人也有言"读万卷书，行万里路"，强调理论联系实际，学以致用。根据《中国大学生思想政治教育发展报告2014》，大学生对"社会实践活动"对自身思想品德发展的影响认可度最高，远高于其他因素。因此务必重视思政理论实践课。然而目前高校思想政治理论课的实践课大多流于形式，不能很好地与理论课堂结合。我们要从中华优秀传统文化中汲取营养，重视课堂教学与课外体验结合，推动中华优秀传统文化实践体系的建构和完善。

（1）开发传统文化资源开展实践教学

应当开发当地优秀传统文化资源支持实践教学，例如联系烈士园、博物馆、纪念馆、名胜古迹等场所，开设校外实践教学基地，以便开展思想政治教育活动。要充分利用教学基地开展实践教学，如吸纳学生参加博物馆、纪念馆讲解活动，使其在实践的过程中理解，理解的基础上铭记；鼓励学生参加志愿服务或公益活动，如组织学生到养老院进行志愿服务，让他们理解敬老尊老的传统美德；开展当地历史名人及重大历史事件的纪念活动，或借助传统节日开展主题活动等，如端午节可以开展爱国主义主题活动。活动要富有创意，并经过精心策划，使大学生在活动中得到感悟，巩固和升华教学效果。

（2）鼓励学生假期进行相关实地调研

实地调研是实践教学的重要形式之一，学校应鼓励学生在假期开展社会实践。教师推荐选题或布置实践作业时，可以布置与中华传统文化相关的社会调查，让学生组队出行开展调查研究。教师及时对学生的调查过程和结果分析进行指导和把关，使大学生在调研活动中真正有所收获和感悟。

总之，高校要丰富实践教学的形式，使学生在实践活动中了解中华优秀传统文化，提高对优秀传统文化的价值认同，加深对高校思想政治理论课的感性体验和理性认识，成为传统优秀文化的践行者和传承者。

4. 高校教育格局中的中华优秀传统文化与思想政治教育的融合

（1）校园文化建设

校园生活是大学生高校生活的重要组成部分，因此，校园文化对大学生的思想政治教育也会产生重要的影响。将中华优秀传统文化融入高校校园文化建设之中也是发挥其思想政治价值的重要途径。高校校园文化建设在一定程度上反映出高校的精神文明和文化内涵，因此，校园文化建设的过程中要注意民族优秀传统文化的融入。高校学生会和共青团组织可以开展以民族优秀传统文化为主体的学生活动，如诗歌朗诵大赛、书画比赛、书法大赛和辩论大赛等，一方面可以借助活动进行传统文化知识的普及，同时也可以让学生在轻松愉快的活动中感受优秀民族文化的育人力量，从而激发学生求知和学习的欲望。高校学生校园文化活动具有很强的灵活性和操作性，易于组织也方便学生参加，是传统文化进校园的重要实践途径之一。

（2）学校制度建设

在制度建设方面，要全面压紧压实工作责任。习近平总书记 2016 年在全国高校思想政治工作会议上强调："党委要保证高校正确办学方向，掌握高校思想政治工作主导权。"首先，要落实党委主体责任。其次，成立由校党委书记任组长，校长任副组长，校党委组织部、宣传部、马克思主义学院、人事处等部门主要负责人为成员的校思想政治教育领导小组，建立党委领导、部门齐抓共管、全校共同参与的工作格局，全力抓好思想政治教育各项工作。最后，健全制度体系包括健全思想政治教育日常管理制度、激励评估制度、责任追究制度、学术研究制度，推动高校思想政治教育制度和学科高质量发展。

（3）相关课程建设

专业课程建设一是需要打造优质的教师团队。因此，应该加大教师的培训，开展教师沟通、教学融合讲座等方式。二是可以通过开展经典导论、阅读沙龙、书香校园、国际文化交流、高雅艺术进校园等主题活动，充实思想政治课教学内容。三是构建德智体美劳全面培养的体系课程。四是形成更高水平的人才培养体系及学生的考核评价体系，努力形成文化育人、教书育人、实践育人、服务育人的长效机制。

二、博雅教育课程的设置

博雅教育的培养任务包括两个方面：广博的知识和高尚的人格。因而施教者和课程设计者需要注重知识的广度和高尚人格所需的美学、艺术、文学、哲学、历史等陶冶性情的课程体系。相对于专业课、能力培养课程的实用性，博雅教育是以陶冶人性情的情感教育、价值观教育、审美教育等为主要内容。

（一）博雅课程的设置

博雅课程包括必修课和选修课两种，其中，必修课为全校从大一开始必须完成的课程，包括在保证听课的同时，完成学分任务。而选修课则是根据学生的兴趣爱好去选择的课程，具有较强的选择性。

1. 必修课

根据以往课程设置的研究并根据当前实际的教育情况，将必修课分为三大类：人文学科、社会学科和自然学科。其中，人文课程主要是从人文关怀的视角增强学生人文方面的知识，既有对中华优秀传统文化的传承、人文精神的培养、批判与辩证思维的养成，也包括审美情趣的培养、审美能力的提升，进而提升人的综合素养。

（1）人文学科

中华文化精神这一课程，主要讲述中国传统文化中所蕴含的道德规范、价值取向等，特别强调儒家文化精神。学习儒家文化精神就要探索儒家文化的源头，即《论语》，并以此作为中华文化精神的讲授重点。另外，可以根据地方特色，讲解闽南文化等；文化和精神等内容思政课都有涉猎，可以将两者融合。

西方文明史的课程目的是了解西方文明及其不同的发展阶段，在此基础上，以选读不同阶段的代表性著作为主要教学内容。学习英语也是了解西方文化的途径。这门课程的具体要求包括：阅读原著、学习英语等。

文化（学）经典导读，以中华文化中较为有名的篇章为重点，加上西方的一些文学名著，锻炼学生中文阅读、写作与交流的能力，掌握其中的技巧。（之所以没有列写作交流，我们认为其归入能力培养课程更好些，而且大学的部分专业课要求写论文，这也是在培养写作能力。）

批判性思维与辩证思维课程主要以哲学名著阅读为基础。而思想政治理论课程中的马克思主义哲学部分也是为了让学生形成科学正确的世界观、掌握正确的方法论，锻炼学生的辩证思维。因此，思政课程与博雅教育的批判思维、辩证思维课程可以融会贯通。

艺术与审美课程主要是让学生掌握审美的能力，能够欣赏艺术与美、感受艺术与美，从而培养创造性思维。在课程设置中，涉猎艺术的多个门类——音乐、美术、雕塑、建筑等，在艺术鉴赏的同时，形成鉴赏能力，提升鉴赏品位。

（2）社会学科

在众多的社会学科中，我们选择了被称为"社会科学皇后"（萨缪尔森语）的经济学原理，以及从经济学分离出去的管理学。社会科学学科众多，包括政治、历史、人类学、社会学等，之所以把经济学提升至重要的地位，一方面在于现代社会商业地位的重要性使得经济学的学习和研究在经济社会发展中呈现重要的作用；另一方面在于经济学是所有社会科学中运用科学方法最多、最广泛的学科，虽然其他社会科学学科也重视事实的考查，也重视解释，但是缺少公理性质，即不以一些公理或定律或假说作为分析的出发点，因而较少地使用验证的科学方法。对于学生而言，作为现代社会科学显学的经济学，也是日常工作和生活中接触较多的学科，学生有掌握的必要性。

"管理学原理的开设，旨在加强对现代管理理论的内容和实践的了解。管理学是研究管理规律、探讨管理方法、建构管理模式、取得最大管理效益的学科。"[①] 因此，管理学是研究怎么在既定的条件下通过合理的组织架构，将人员、材料、物品等配置合理，进而实现效用最大化；在组织管理中，通过对人的协调活动而实现预期目标。管理能力是未来面向社会工作的重要能力，因而有必要在大学期间完成相关课程的学习。

心理学的目的是了解自己和他人，也为专业学习奠定基础。例如，哲学、经济学、管理学等学科的研究，都需要心理学的理论与方法的加入。心理学是研究人类心理现象、精神功能和行为活动的科学，兼具理论性和应用性。心理学研究领域涉及较为广泛也与日常生活的许多领域发生关联。心理学一方面尝试用大脑运作来解释个体基本的行为与心理机能，另一方

---

① 陈世清：《对称经济学术语表》（四），大公网，http://finance.takungpao.com/mjzl/mjhz/2015—06/3030760.html。

面，也尝试解释个体心理机能在社会行为与社会动力中的角色。实际上，很多人文和自然学科都与心理学有关，而应用心理学家还有提高人类生活质量的目标。

（3）自然学科

物理学导论是对物理学进行了解的基础课程，现代人文学科和社会学科都借鉴物理学的内容，特别是研究方法，因此，有必要让学生了解基础物理知识，了解知识和方法之美。

物理学是一门自然科学，注重于研究物质、能量、空间、时间等，尤其是它们各自的性质与彼此之间的关系。物理学是关于大自然规律的知识；更广义地说，物理学探索并分析大自然中发生的现象，以了解其规律。著名物理学家费曼说："科学是一种方法。它教导人们：一些事物是怎样被了解的，什么事情是已知的，了解到了什么程度，如何对待疑问和不确定性，证据服从什么法则；如何思考事物，做出判断，如何区别真伪和表面现象。"[1] 著名物理学家爱因斯坦说："发展独立思考和独立判断的一般能力，应当始终放在首位，而不应当把专业知识放在首位。如果一个人掌握了他的学科的基础理论，并且学会了独立思考和工作，他必定会找到自己的道路，而且比起那种主要以获得细节知识为其培训内容的人来，他一定会更好地适应进步和变化。"[2]

生命科学导论是让学生了解生命科学理论体系和基本知识等的重要课程。现代生物学是一个有众多分支的庞大的知识体系，着重说明生物学研究的对象、分科、方法和意义。生命科学中关于生命的本质和生物学发展的历史，将分别在"生命""生物学史"等条目中阐述。

2. 选修课

选修课主要是让学生根据自身的特征和喜好，去学习相关的知识。高校可以必修课为基础，根据教师的能力增开选修课。

---

[1] 赵凯华、罗蔚茵：《新概念物理教程：力学》，北京：高等教育出版社，1995年，第3页。

[2] 《纪念爱因斯坦译文集》，赵中立、许良英译，上海：上海科学技术出版社，1979年，第70页。

（二）博雅教育的人才培养计划

在博雅教育的人才培养计划中，鼓励学生进行第二学位和辅修专业的选择，并针对优秀学生提供人才培养计划，为学生的成长提供机会与平台。

1. 第二学位和辅修专业

1987年，《高等学校培养第二学士学位生的试行办法》印发，明确规定第二学士学位在层次上属于大学本科后教育，与培养研究生一样，同是培养高层次专门人才的一种途径，限在部分办学历史较久，师资力量较强，教学科研水平较高的本科院校中试行。第二学士学位修业年限一般为两年。修业期满，完成规定课程，经考试合格，方能获得学位。

"辅修，是指确有学习余力的学生于在校期间修读同层次其他专业课程。达到专业要求的，学校可为其颁发辅修专业证书。辅修专业证书与学历证书配合使用，一般不单独作为学历证书使用。"[1] "授予辅修学士学位应制定专门的实施办法，对课程要求及学位论文（或毕业设计）做出明确规定……具有学士学位授予权的普通高等学校，可在本校全日制本科学生中设立双学士学位复合型人才培养项目。项目必须坚持高起点、高标准、高质量，所依托的学科专业应具有博士学位授予权，且分属两个不同的学科门类。项目须由专家进行论证，应有专门的人才培养方案，经学校学位评定委员会表决通过、学校党委常委会会议研究同意，并报省级学位委员会审批通过后，通过高考招收学生。本科毕业并达到学士学位要求的，可授予双学士学位。双学士学位只发放一本学位证书，所授两个学位应在证书中予以注明。"[2] 双学位可以到其他学校学习，而辅修只能在学生所在的学校学习。

---

[1] 《教育部办公厅关于规范高等学校学历证书有关事项的通知》，中华人民共和国教育部，http://www.moe.gov.cn/srcsite/A15/s3263/201405/t20140506_169181.html。

[2] 《国务院学位委员会关于印发〈学士学位授权与授予管理办法〉的通知》，中华人民共和国教育部，http://www.moe.gov.cn/srcsite/A22/yjss_xwgl/moe_818/201907/t20190726_392378.html。

2. 优秀人才培养计划

从在校学生中选取优秀者，申请联合学校学习的资格。此项计划的目的在于给予优秀学生特别的关爱，给予他们更多的学习和发展机会，提升他们的发展空间。例如，增加校际合作项目，每年选派优秀学生赴西安交通大学进行学习。另外，加强国际合作，目前与英国 NCUK 北方大学联合会、英国卡迪夫城市大学、英国哈德斯菲尔德大学、英国西苏格兰大学、英国亚伯大学、英国诺丁汉特仑特大学、英国赫特福德大学、美国纽约理工大学、美国得克萨斯大学阿灵顿分校等知名海外高校联合开展了"3+1 本硕套读项目""3.5+1 本硕联合培养""3+1 本科双学位项目""2+2 国际本科项目""中英 3+1 本科""中英美澳 1+1 硕士预科项目""中英 4+1 硕士直通车项目""中美 MBA 硕士直通车项目"等深层次的国际交流合作项目。厦门工学院通过加强与国外知名大学的合作，不断推进国际化建设，拓宽对外办学渠道，为广大学子提供更加广阔的国际教育平台。

（三）博雅教育的授课方法

博雅教育提倡"以学生为本"的教学模式，特别注重师生之间的紧密关系，在教学过程中强调双向、互动的教学方法，另外还有实习、海外游学、沉浸式研习、导师指导研究、同学之间的协作学习和行动学习等。在具体的教学实践中主要采取以下几种方式：研讨式、启发式、引导式等。

1. 研讨式

以研讨为主，充分发挥学生学习的主动性，提高语言表达能力以及分析问题和解决问题的能力。

2. 启发式

启发式教学方法是指在教学过程中，教师通过循循善诱的教学行为，启发学生，激活其思维，让学生自己去寻找答案。

3. 引导式

教师通过有效的引导方式，让学生自主学习。教师在与学生不断交流的过程中，把握学生学习的方向，对学生的认知、情感、目标等进行及时的了解和加以引导。

努力将上面的方法应用到博雅教育、专业教育和能力教育的每门课程中。

（四）博雅教育的培养目标

博雅教育的培养目标需要在知识培养、能力培养、个性及人格的发展上设定。

1. 知识培养

知识培养的主要途径是专业课程的学习。现代社会生产社会化和专业化程度的提高，对于即将进入社会工作岗位的学生的专业知识的要求也在增加，这一点毋庸置疑，也是高校较为注意的方面。但是，在专业知识教育的同时，人文科学知识和社会科学知识也是必不可少的教育内容。获取这些知识的方式除了学生进行大量的阅读外，还需要学校有意识地引导，设置相应的课程，完善教育效果。

2. 能力培养

能力培养的目的在于培养能够适应社会、适应时代发展需要的具有多方面能力的现代人才。这些能力包括：动手能力和操作能力，人际交往和组织参与社会活动的能力，写作与交流的能力，多层次基础技能（英语、数学等），领导能力，多方面的职业准备能力以及文化的传承能力等。

3. 个性及人格的发展

学生个性及人格发展包括很多方面，教师人格精神、科学精神，以及相关专业的操作能力对学生起着潜移默化的作用。其中，教师在传授知识的同时，其个人人格魅力对于学生个性与人格发展的影响尤为重要。

（五）博雅教育的课程评价

课程评价是在课程实施过程中以及课程完成的各个环节给予的分析和评估。课程评价在课程建设中发挥着诊断、反馈和调节的作用，是反映课程质量的重要环节，并对学生学习的效果提供数据化的呈现，既是评价，也是教学工作下一步展开的前期准则。

课程评价体系则是某门课程的一系列不同阶段、不同环节、不同评价方法所产生的教学效果评价的总和。课程评价的意义体现在它是课程实施的保障体制、衡量标准、反馈机制。

1. 课程评价体系的意义

（1）保障体制

课程评价体系建构于课程体系基础之上，能够有效地测评课程实施的效果，进而为提升课程教学效果提供保障和依据。课程评价体系不仅可以反映学生学习的实际效果，也能够在教师参与课程评价体系的建构时调动教师参与课程建设的积极性和主动性。同时，也可以监督顶层设计、课程教学等各个环节，以及各部门的相应工作。

（2）衡量标准

课程评价体系可以解决两个问题：第一，评价教师博雅教育的效果；第二，推动教学过程设计是否符合博雅教育课程设置的要求，进而提升教师教学工作、课程建设的质量，了解课程的实施是否能够满足课程设计的针对性与实效性。

（3）反馈机制

课程建设的过程需要及时的反馈机制进行调节，提升育人效果。课程评价体系得出的结果有利于我们分析政策措施落实与否；有利于教师分析自己课程的教学效果有没有达到预期，及时发现课程教学过程中的不足和取得的成绩。通过反馈—调节—提升，提高育人成效。

2. 课程评价原则

（1）量化评价和性质评价相结合

量化评价是指通过数量化的分析比较来评价课程涉及的相关内容，进而分析比较课程的实施效果。性质性评价则是指对课程的评价采用描述性手段，对课程的性质、特征做出判断，在性质性评价过程中，往往是通过对学生的行为记录和行为观察等方式进行，并做出价值判断。

（2）过程评价和最终评价相结合

根据评价涉及的阶段分为过程评价与最终评价。过程评价往往在课程实施的过程中进行，属于阶段性评价；最终评价则是在课程结束后，对于课程的最终效果进行评价，特别是对于课程建设实施全过程的评判，往往显示出综合性和概括性的特征。

（3）诊断评价和发展评价相结合

课程评价既要对课程实施的效果做出层级的评价，这种评价涉及学生对知识、能力、价值观等学习目标的评测，也涉及对教师与学生设定的共同发展目标实现效果的评价，这往往需要一定的技术和方法，对学生的发展进行判断。

3. 评价指标

博雅课程的评价指标分为学习过程、学习成果和实际表现，具体见表7.2.5-1。

表 7.2.5-1 博雅课程评价指标

学习过程	考查学生对教学目标的认可程度、学生自己确立的学习目标和学习态度
	记录学生学习过程中各项活动的参与情况与行为表现
学习成果	课程实施前后学生态度、情感、价值观的变化
	结合思政课程教学，收集学生的思政课程物化成果
实际表现	学生在日常的学习生活中自觉正确的价值观
	学生在专业实践中践行职业精神和职业规范

三、书院育人模式的经验和方法

（一）书院制实施的实践经验

厦门工学院作为一所新兴民办本科高等院校，于建校第二年（2010年9月）开始实施书院制，是福建省最早施行书院制教育管理模式的高校。学校于2010年9月设立友恭、友惠书院，2011年设立友善书院，2013年设立友敏书院，2016年设立友容书院，现有友恭、友惠、友善、友敏、友容5个书院。

厦门工学院书院师承西安交通大学。西安交通大学党委副书记宫辉博士于 2010 年 6 月携书院建设骨干团队（党委学生工作部部长徐文雄教授、彭康书院院务部苏玉波主任、就业指导中心郑旭红副主任等）亲临厦门工学院，传经送宝，介绍实行书院制度的实践体会，同时就厦门工学院如何开展书院育人新模式，提出指导性建议。宫辉博士现场被聘为厦门工学院书院建设顾问，此后他多次带队亲临厦门工学院开展书院建设与实践的指导工作。同时，厦门工学院还积极走访交流施行书院育人模式的知名高校，先后参访了南京审计大学、香港中文大学、台湾辅仁大学、南方科技大学等。

厦门工学院书院制度施行十余年来，在上级教育主管部门、学校董事会、校领导的关心和西安交通大学等兄弟院校的支持下，经过不断地总结和完善，逐步形成了富有厦门工学院特色的书院制教育管理模式，即以践行博雅教育、配套导师制、开设通识教育课、设立尊师节和爱生节、制定阳光体育认证方案、创办《书院世界》期刊、打造"小爱"网络思政新载体七大举措为特色，契合民办本科院校的学生特点和该校实际，力争实现学生的博雅教育、创新创业教育和专业教育比翼齐飞。

1. 聘请专家做顾问

学院聘请著名博雅教育专家、复旦大学原校长、宁波诺丁汉大学校长杨福家院士担任学校顾问，聘请书院教育专家、南京审计大学原校长王家新教授为书院建设总指导，聘请中国工程院院士蒋庄德教授为学院双聘院士、书院兼职导师，聘请西安交通大学党委原副书记宫辉博士为书院建设顾问、兼职导师。此外，还聘请了中国科学院院士、西安交通大学管晓宏教授，中国社会科学院哲学研究所原所长、国务院政府特殊津贴获得者、博士生导师李景源等为书院兼职导师，为学校深化书院建设和博雅教育实践出谋划策、指点迷津。书院把不同年级和不同学科背景的学生融合在一起，通过形式化与非形式化的教育、辅导谈心、学生社团和第二课堂等多种多样的活动，践行博雅教育理念，从而培养学生独立思考、判断的能力，人际交往、沟通表达和组织管理的能力，以及感恩父母、关爱他人和关心社会的自觉意识，为学生毕业后步入更广阔的天地，展开健全人生、担当社会责任打下坚实基础。

2. 实施导师制

导师制是由书院和学院，各处、系、教研室共同组织教师管理培养学生的试行制度，旨在密切教师与学生的联系，强化教师对培养学生的主导作用，充分发挥导师传道、授业、解惑作用，实现全员育人。在面向社会选聘专职导师的基础上，从该校专/兼职教职工、校外知名人士中聘任兼职导师，兼职与专职导师（思政辅导员和社区辅导员）从不同的方面分工合作，共同培养学生。导师们言传身教，通过人格熏陶、深入谈心、交流座谈等方式因材施教，做学生的良师益友；激发学生兴趣，提升学生的实践能力；引导学生通过自我教育来实现对其进行"思想引导、学业辅导、生活指导以及心理疏导"的目标。厦门工学院先后聘任了70多位校内外专家、教授、知名学者为书院导师。

3. 改造书院社区硬件环境

2016年，学校董事会投入巨资，对各书院社区由内至外进行了大改造，建成面向全体学生开放的文化展厅、荣誉长廊、自助图书馆、会议室、谈心室、咖啡屋、自习室、沙龙创作室等公共服务设施，从硬件方面实现了全面提升。学生在舒适的社区环境中生活、学习、交流，社区融洽和谐的氛围应运而生，书院社区广阔的空间彰显了环境育人的功能。各书院以硬件改造为契机，进一步提升书院文化软实力，让广大学子能够在书院社区中取得进步、收获成长。

4. 开设"大学生思想政治教育理论与实践"课程

"大学生思想政治教育理论与实践"课程的主体是班会课，学校建立了一个行之有效的班会课程体系，使班会课内容不再单调枯燥，主题形式不再以单纯的说教为主。专职导师每学年承担教学任务达人均64学时以上，授课时间均衡分布在每个教学周，教学内容形式多样，最古老的"动物学昆虫鉴赏"、最恒久的"《诗经》与爱情"等主题，也蕴藏并赋予了思政课新的内容与价值。

5. 设立"尊师节"和"爱生节"

每逢9月28日孔子诞辰，厦门工学院各书院都会隆重举行"尊师节"系列活动，正冠肃立面向孔子行鞠躬礼，尊师重教，崇智尚学。于每年3

月 12 日，举办"爱生节"，种下一棵象征希望的柏树，以示师生情谊根深叶茂、万古长青。"尊师节"和"爱生节"，已成为厦门工学院校园文化中的传统节日，通过传统文化的熏陶，传承并践行中国传统美德，把"尊师"和"爱生"的风尚发扬光大，构建尊师爱生、教学相长的新型师生关系，让师生之间以爱为纽带，更加紧密地联系在一起。

6. 制定阳光体育运动实施方案

学校印发了《厦门工学院阳光体育运动实施方案》，通过教学计划内的体育课和学工系统、后勤服务系统组织的体育锻炼活动，以学期为单位，完成一、二年级 50 次，三年级（含建筑学四年级）25 次《阳光体育手册》认证要求后，方能参加期末体育课程考核和体能测试，计算体育成绩，否则取消体育考试资格。通过体育锻炼认证的方式，落实教育部下发的《高等学校体育工作基本标准》中"切实保证学生每天一小时体育活动时间"要求。同时，也改善了大部分同学宅在宿舍的现状，提升了学生的体质水平，使学生养成了良好的生活习惯，形成健康、高雅的生活情操与品味。

7. 创办《书院世界》期刊

为体现学校书院育人的办学模式，深化博雅教育的办学理念，学生处和各书院合力主办，出版了期刊《书院世界》，为学校书院育人特色学生工作开辟了一个窗口。《书院世界》将主要聚焦厦门工学院书院建设进程的每一个瞬间，聚焦书院弘扬儒家思想文化、培育学生健全品格的每一项工作，聚焦思想政治教育工作者不负使命、服务学生、服务学校的每一次履职，为全校师生员工搭建一个思想交流、学术交流、工作交流的平台。

8. 开设博雅大讲堂

书院将传承中华优秀传统文化作为重要抓手，编写和出版了《国学经典导读》教材，中华优秀传统文化经典进入课堂，第一课堂和第二课堂相互补充，共同致力于培养学生的理想精神、高尚的品德和健全的人格。

9. 艺捷学生管理信息平台

该平台针对书院制的办学理念进行专项性开发，共分为部门事务管理、学生事务管理、专职导师月份常规工作、专职导师学期综合工作、初始信息设置、学生医疗保险六大板块。各板块下又分设具体栏目，将日常学生工作分解为可处理的信息化程序。同时，各板块之间信息关联性强，整个系统具有信息检索迅速、处理及时、可靠性高、存储量大、保密性好等特点，通过艺捷学生管理信息平台实现专职导师考核数据的精细化管理，提升思想政治教育工作的信息化水平。

10. 打造"小爱"网络思政新载体

厦门工学院推进"小爱"品牌建设，创建思想政治教育网络平台。为了更贴近广大师生的学习、工作、生活，学校紧跟时代脚步，推陈出新，率先成立大学生网络文化工作室，在贴近大学生形象风格的前提下，通过网络选拔和现场投票等方式推出活泼可爱的卡通形象"小爱"，成立厦门工学院"小爱"网络文化工作室，通过微信公众号、微博、贴吧、论坛、聊天表情包等新媒体技术手段，致力于网络思政教育和博雅理念的推广与普及，创新工作方式方法，以学生喜闻乐见的方式开展学生管理与教育工作。

（二）完善制度的研究与制定

没有规矩，不成方圆。规矩也就是规章制度，好的制度能够使员工积极工作，促进学校快速发展；不好的制度能够使员工的工作积极性降低，阻碍学校的发展。所以，学校的发展需要建立和不断修改、完善规章制度。

学生处是学校学生管理的主要行政机构，其中很重要的一项职责就是制定学校学生管理的各项规章制度，并负责监督实施。学生管理的规章制度是保障学校教学工作的重要后盾，是课堂教学育人的重要帮手。

1. 制度建设基本情况

目前厦门工学院学生处修订、出台勤工助学管理办法等配套管理服务制度30项。学生处坚持"导师引领带动、学生自主成长、管理服务促进"三效合一，协同育人理念，构建学生管理建设长效机制，以制度明确责任主体，以制度规范育人过程，以制度激励育人热情，同时强化目标考核，狠抓制度落实，取得了比较明显的效果。

目前配套管理的制度汇总如下：

① 厦门工学院勤工助学管理办法

② 厦门工学院受处分学生后续考察教育工作办法

③ 厦门工学院"李德文奖学基金"实施办法（试行）

④ 厦门工学院国家奖学金、国家励志奖学金评选办法

⑤ 厦门工学院学生先进集体与先进个人评选办法（试行）

⑥ 厦门工学院星级宿舍评比办法

⑦ 厦门工学院学生档案管理办法

⑧ 厦门工学院学生军事训练考核管理办法

⑨ 厦门工学院学生宿舍财产管理暂行规定

⑩ 厦门工学院学生宿舍管理规定

⑪ 厦门工学院学生违纪处分规定

⑫ 厦门工学院学生校园文明的若干规定

⑬ 厦门工学院学生征兵工作管理规定

⑭ 厦门工学院学生证、校徽管理办法

⑮ 厦门工学院国家助学金评定办法

⑯ 厦门工学院学生申诉处理办法

⑰ 厦门工学院奖学金评选办法（试行）

⑱ 厦门工学院学生课外素质拓展学分管理办法

⑲ 厦门工学院学生综合素质测评办法

⑳ 厦门工学院学生校外住宿安全管理规定

㉑ 厦门工学院学生校外集体活动安全管理实施细则

㉒ 厦门工学院垃圾分类工作实施方案（试行）

㉓ 厦门工学院学生宿舍网络使用管理规范（试行）

㉔ 厦门工学院学生社团管理办法

㉕ 共青团厦门工学院委员会"五四"评优表彰办法

㉖ 厦门工学院团费收缴、使用和管理规定

㉗ 厦门工学院共青团员团籍管理规定

㉘ 厦门工学院就业工作奖励办法（试行）

㉙ 厦门工学院校友卡管理办法（试行）

㉚ 厦门工学院班主任聘任与管理工作办法

2. 目前存在的不足

学生处工作伴随着学校的壮大在不断地进行改革和调整，但在制度建设方面仍存在一些不足。

制度建设的长效运行不稳定，监督保障机制不健全。厦门工学院学生工作动态改革较为频繁，部分制度运行过程中面临不断改革和重新构建的问题，导致制度建设无法保障长期稳定。在实际运行中，监督保障机制存在不健全，导致制度要求与工作实际出现两张皮现象。

制度落实过程中，存在奖惩力度不足。学校实行书院制管理，学生处对于书院学生管理工作主要负有指导、监督、检查、奖惩等职责，在制度落实层面，指导、监督、检查等功能目前落实到位，奖惩机制稍显力度不足。

3. 改革举措

严格制度落实，加强具体指标体系纳入评优考核，某些核心责任落实不到位实行一票否决，激发制度活力，树立制度威信。

积极探索书院当中的导师制，结合书院特色打造书院管理的品牌项目，激活书院建设的内驱力，为制度建设的完善提供智力支持和实践经验。

书院和学院密切联系，增进管理育人和教学育人的共融，关注教师和学生的成长，助力学生管理工作的全面提升。

（三）学生奖励情况综述

为构建科学规范的学生奖励体系，在当前创新型人才培养的要求下，根据学校"三位一体"建设整体工作安排，学生处结合学校实际，构建全方位立体化的学生奖励机制，奖励涵盖学习成绩、文体活动、综合能力、社区建设、创新创业等各个维度。为激励学生勤奋学习，努力进取，学校制定了完善的奖学金体系，根据学生不同特点，设立不同奖励项目和荣誉类别，激励不同层次、不同兴趣爱好、不同能力特长的学生，给予相应的鼓励和表彰，基本实现了学生各有所长、各有所奖的目的。通过完善奖励体系，使学生的综合实力得到全面的提升与认可。

目前，该校的学生奖励机制主要分为学生处、书院两个层面。学生处每年固定时间节点全面开展包含校奖学金、李德文奖学金、自律之星、优秀学生干部等全校性的表彰项目。各书院则按照自身特色，设置具有书院特色的单项奖励或者社区建设类奖励项目。

1. 校内奖励项目

厦门工学院校内奖励项目见表 7.3.3-1：

表 7.3.3-1　厦门工学院校内奖励项目

奖项名称	颁发单位	评选时间	奖励办法
李德文奖学金	厦门工学院	每年 10 月份	奖状 + 奖金
厦门工学院奖学金	厦门工学院	每年 10 月份	奖状 + 奖金
十大自律之星	厦门工学院	每学年下学期	奖状 + 奖金
优秀班集体	厦门工学院	每学年下学期	奖状
优秀学生干部	厦门工学院	每学年下学期	奖状
优秀共青团员	厦门工学院	每学年下学期	奖状
优秀共青团干部	厦门工学院	每学年下学期	奖状
最美学生	厦门工学院	每学年下学期	奖状
优秀干事	各社团组织	每学年下学期	奖状
军训优秀学员	厦门工学院	每学年下学期	奖状
优秀毕业生	厦门工学院	每年 5 月份	奖状
优秀毕业生党员	厦门工学院党委	每年 5 月份	奖状
五星级宿舍	友恭书院	以学期为单位	奖状
友善书院优秀学生领袖评选活动实践之星	友善书院	以学期为单位	奖状
友善书院优秀学生领袖评选活动先进工作者	友善书院	以学期为单位	奖状
学生领袖魅力之星	友善书院	以学期为单位	奖状
友善书院优秀学生领袖评选活动文体之星	友善书院	以学期为单位	奖状
友善书院标兵宿舍	友善书院	以学期为单位	奖状
友善书院学习之星	友善书院	以学期为单位	奖状
友善书院校运会贡献者	友善书院	以学期为单位	奖状
友善书院先进工作者	友善书院	以学期为单位	奖状

今后，厦门工学院拟继续健全学生奖励评定体系，在科创、美育、体育方面加大奖励力度。按照"三位一体"整体设计规划，学生奖励体系将做到"让学生明确发展方向、让学生得到发展机会、让学生增强发展动力"。

2. 校奖励体系改革

第一，明确文件制定的依据和目的。学生奖励制度的设计，其目的是鼓励和促进学生的个性发展和全面进步，而整体体制的改革，必须严格遵照《普通高等学校学生管理规定》，符合学校实际。

第二，界定奖励方式和方法。对学生的奖励应当进一步地明晰奖励方式，明确奖励办法，使不同专长、不同层次的学生都能得到鼓励；明确奖励申报条件，规范评审程序及评审办法。

（四）积极组织申报大学生创新创业项目

在大众创业、万众创新的时代背景下，厦门工学院深化创新创业教育改革，充分发挥书院制的特色和优势，服务学生成长成才，服务地方经济发展。厦门工学院在书院制的学生管理体制下，注重培养学生创新创业的意识和能力，实现学生创新创业素质的提升和成果的转化，主要体现在以下几个方面。

1. 打造创客空间

厦门工学院目前有友恭书院、友容书院、友善书院、友敏书院、友惠书院等五个书院，所辖的学生宿舍楼有友善苑、友容苑、友敏苑、友惠苑、友仁苑、友爱苑等，在每栋宿舍楼的公共空间，学校都精心打造了一个咖啡吧，完全交给学生团队运营，为学生创新创业提供了良好的物理空间。

2. 邀请企业家进校园

学生处就业指导中心每年都邀请企业的管理层来校开展就业创业指导活动。近年开展的活动，包括邀请省级众创空间负责人来校指导学生创业项目路演；邀请厦门人才专业讲师给学生解读政府最新的创新创业政策；在每年的大型招聘会进行期间，还会邀请校内外的就业创业导师，举办就业创业咨询会，为学生提供多样服务等。

3. 带领学生参观各大创业孵化基地

学生处就业指导中心与厦门市大学生创业促进会等企业和机构保持着良好的沟通交流，定期开展企业观摩活动，带领学生到企业实地参观，参观的创业类企业有思明区创业孵化基地、集美区创业大厦企业等。

4. 专职导师指导学生项目

学生的第二课堂活动主要由书院开展，书院专职导师对学生的教育和服务体现在很多方面。以创新创业为例，专职导师充分调动学生的积极性，发掘有潜力的项目，对学生项目给予专业指导，近年来取得了一定成绩，如友容书院肖芳浩老师，在校工作期间，指导学生创新创业项目几十个，其中获得国家级资助的有 2 个，获得省级资助的有 11 个，资助金额近 20 万元。

5. 推荐学生参加各类大赛

书院专职导师积极向学生传递"互联网+"大学生创新创业大赛、福建省女大学生创新创业大赛等各级各类比赛的信息，并有针对性地组织、指导学生参加相应大赛。学生处就业指导中心根据福建省人社局的文件要求，积极推荐学生创业项目参加省级创业资助评选。

6. 重视创业校友

厦门工学院建校十余年来，已毕业的校友中，自主创业的较多。近年来，学校校友总会注重为创业校友和在校的创业学生搭建沟通桥梁，成立了创业校友分会，举办了创业校友座谈会、创业校友分享会等活动。

（五）第二课堂的改革和完善

厦门工学院响应中共中央、国务院《关于实施中华优秀传统文化传承发展工程的意见》的号召，结合书院实行博雅教育的实际，以学生活动、学生组织为抓手，在大学生中开展优秀传统文化教育，让其不断从优秀传统文化中汲取营养，不断提高精神境界和人文素养，并深入了解中华优秀传统文化，真正做到"文化自信"，从"文化自信"进而达到"文化自觉"，提高在校大学生的文化水平和人文修养。

学生既是受教育主体也是开展活动的组织者，加强中华优秀传统文化教育，培育和践行社会主义核心价值观，弘扬和传承优秀传统文化，是高校育人工作和第二课堂活动组织的导向和核心。厦门工学院第二课堂活动体系积极响应号召，契合社会发展需要，以传统文化教育为导向，塑造"君子品格培育"、"绿色文化工程"、"书香书院"创建工程、"友容菁英学堂暨9·29读书节"、"文艺友惠·经典文化"、"寻觅闽南文化"等系列品牌，提升莘莘学子的人文精神与文化品位。具体涵盖以下几个方面：

第一，友善书院以培育大学生"君子品格"作为工作主线，培养学生勤勉自强、知礼乐学、克己宽人、仁爱奉献、自省慎思的良好品格，进一步促进学生良好生活习惯、学习习惯、文明行为习惯、个人礼仪等个人修养的养成，以有利于指导学生健康成长为目的，创造性地开展工作，狠抓落实，注重实效，形成特色，开创书院德育工作的新局面。

第二，"蹉跎莫遣韶光老，人生唯有读书好。"为了全面提高友容书院学生文史经典、哲学智慧、科学精神、生命关怀、艺术审美、世界视野等方面的素质和水平，友容书院推出博雅人才培养计划——"书香书院"创建工程、"菁英学堂"人才骨干班培养项目、"9·29"读书节等。

第三，友敏书院开展"绿色文化工程"建设活动，从"绿色家园""绿色共享""绿色经典""绿色健康""绿色行动""绿色科技"这六方面进行。以绿色理念及其主基调对社区进行布置，成立友敏诗社和书社；开展"五德"教育（孝亲之德、感恩之德、尊师之德、守法之德、立志之德），开展绿色校园我先行、爱心捐衣、"爱助夕阳，关爱老人"爱心养老院志愿活动和"以梦为期，为爱远行"后溪中心小学义教活动；结合专业知识，组织学生进行科技成品设计等，构建全新的绿色、特色书院。

第四，友惠书院联合文化与传播学院开展"文艺友惠·经典文化"主题摄影展与主题书画展。活动主要结合书院学生的专业特色，在发挥其专业特长的同时，展示公共传播系与艺术系的专业教学成果与质量。

第五，"足尖上的闽南"——友恭书院"寻觅闽南传统文化"。寻觅闽南传统文化活动是为了聚集更多的闽南文化人加入进来，用切身行动去传承和传播闽南文化，致力于将闽南文化推向更广的舞台和视野。通过与闽南高校及闽南文化研究组织的合作，形成区域整体化的闽南文化宣传效果，加强校内外的合作学习关系。

四、工程坊在博雅教育中的作用

"三位一体"人才培养目标在具体的实施过程中不断完善，如成立博雅教育的专门研究机构——博雅教育研究所；建设工程坊大楼，为专业课程、博雅课程、创新创业课程的实践教学提供完善的设备与场所；成立创客坊，为学生的创新创业提供可实践的基地、组织相关基础与技能的训练、组织申报大学生创新创业项目。在专家把脉、各级各部门领导、管理干部献计献策的基础上，校领导完成了学校下一个"三五"规划的修订；各个部门完善规章制度，特别是涉及博雅教育（教学处）、实验实践实训教学（工程坊）、创新创业教育（创客坊）的部门，需要为"三位一体"人才培养模式的贯彻和实施提供制度保障；设置一些博雅教育课程作为基础必修课，自编相关课程的教材；鼓励社团在第二课堂方面践行博雅教育的宗旨；等等。

（一）工程坊简介及功能

厦门工学院的工程坊成立于 2016 年，是学校管理教学计划内的实践教学（含实验教学和实习实训教学）和教学计划外的学生创新实践的综合性直属机构。工程坊下设办公室、三个"中心"（实验教学中心、工程实训中心和创新实践中心）和工程文化馆；现有工作人员 29 人，其中行政管理人员 5 人：主任 1 人、副主任 2 人、办公室主任 1 人、秘书 1 人，机械实训中心主任 1 人，实习指导人员 7 人，实验员 16 人。

工程坊的基本功能是为全校的实验教学、实习、实训教学和创新实践服务，其基本任务主要有以下几种：

① 管理全校的实验室，协助各二级学院，完成各专业教学计划内的实验教学任务以及实验室建设项目的申报。

② 完成全校所有专业学生的金工实习、相关工科专业学生的电子工艺实习、机械工程类专业学生的数控实习以及经济管理类专业学生的专业实

训等教学计划内的实践教学任务。

③搭建创新实践平台，为全校学生的项目创新实践（包括CDIO项目）和自主创新实践活动提供场地，可为学生的创新实践成果、各种参赛作品的制作以及教师科研成果的转化提供装备和技术支持。

④为相关工种（数控车工、数控铣工、汽车维修工、维修电工等）的职业技能培训（鉴定）以及相关商务（金融、财务、商务综合、跨专业综合、综合业务仿真等）的培训提供场地、设备和师资。

⑤将工程文化馆作为青少年实施现代工程认知教育的基地，不仅面向我校所有专业大一的新生，而且对社会开放。

1. 实验教学中心简介

工程坊实验教学中心下设8个相应的实验分中心，公共基础实验室（含物理实验室、化学实验室、电工电子实验室、力学实验室、计算机基础实验室、语音听力实验室等）、学科基础实验室和各专业的专业实验室分别位于各二级学院，而机械、机械电子、汽车、测控等专业的实验室则主要集中在工程坊大厦。

实验教学中心目前共有83个实验室，实验用房114间，使用面积12 980平方米，各种实验仪器、设备358台套，总价值3 410余万元。可为全校28个专业中的26个专业、258门带有实验的课程（含单独开课的实验课）开设1 256个实验。目前厦门工学院已建成6个省级实验教学中心（见表7.4.1-1），为工程坊实验教学中心今后的发展奠定了坚实的基础。

表 7.4.1-1　厦门工学院已建成的省级实验教学中心

序号	省级实验教学中心名称	建成年份	使用面积（m^2）
1	土木工程实验教学中心	2012	1 435
2	机械工程实验教学示范中心	2016	3 627
3	电工电子实验教学示范中心	2017	2 668
4	工程坊经济管理实验教学示范中心	2017	625
5	建筑与土木工程虚拟仿真实验教学中心	2017	248
6	机械工程（智能制造）虚拟仿真实验教学示范中心	2018	248

2. 工程实训中心简介

工程实训中心按专业下设 7 个分中心，如下表所示。

表 7.4.1-2　　工程实训中心各分中心概况

序号	分中心名称	地点	备注
1	机械实训分中心	工程坊大厦	含汽车、机器人、3D 打印等
2	电子实训分中心	工程坊大厦	含通信、光电子等
3	电气实训分中心	工程坊大厦	含电力驱动、PLC（可编程逻辑控制器）、变频器等
4	土木建筑实训分中心	日新大厦	——
5	经济管理实训分中心	正心大厦	含金融、财务、商务综合、跨专业综合、综合业务仿真等
6	文传实训分中心	明德大厦	含动画制作、摄影、视频录制等
7	艺术实训分中心	工程坊大厦、艺术学院	含陶艺、木作、雕塑、刺绣、音乐治疗等

工程实训中心目前共有使用面积 3 408 平方米，各种实验设备 128 台套，总价值 2 428 万元，可完成全校所有专业学生的金工实习、相关工科专业学生的电子工艺实习、机械工程类专业学生的数控实习以及经济管理类专业学生的专业实训等教学计划内的实践教学任务。此外，还可充分利用工程实训中心的设备和师资资源，完成数控车工、数控铣工、汽车维修工、维修电工等工种的职业技能培训、鉴定以及各种商务培训、考证等工作。

3. 创新实践中心简介

创新实践中心充分利用工程实训中心和各相关实验室的设备，构建 7 个创新实践平台，如下表所示。

表 7.4.1-3　　创新实践中心所属的创新实践平台概况

平台名称	功能	备注
CDIO 创新实践平台	实施 CDIO 创新实践项目	——
机械与材料创新实践平台	实习、实训、培训、考证、制作	含汽车、机器人、3D 打印
电子电气创新实践平台	实习、实训、培训、考证、制作	含通信、光电子
计算机与人工智能创新实践平台	实训、培训、考证	——

（续表）

平台名称	功能	备注
土木建筑创新实践平台	实训、培训、考证	—
经济管理创新实践平台	实训、培训、考证	—
人文艺术创新实践平台	实验、实训、培训	—

CDIO 是一种新的工程教育模式，C（Conceive）表示"构思"、D（Design）表示"设计"、I（Implement）表示"实现"、O（Operate）表示"运作"。

CDIO 创新实践平台目前共有 CDIO 工作室 13 间，使用面积 583 平方米，各种仪器设备 48 台套，建有项目实践活动室、自主实践活动室、各种赛事团队活动室、小型零件制作室和基础元器件室等，可为学生提供创新实践的活动空间和制作小型零件的基本条件。

4. 工程文化馆简介

工程坊贯彻工程实践教育理念、突出工程实践教育特色，统筹本科生课内实践教学、创新实践教育和职业技能培训的资源整合、管理与组织实施，建设学科交叉的综合实践创新训练与制作平台，按照"安全、开放、高效、创新"的模式运行，使工程坊成为培养学生综合工程实践能力和创新能力的工程实践教学中心，学生实施工程创新实践的活动中心，全校师生和相关人员的工程能力培训中心，创新实践成果、参赛作品及科研成果转化的制作中心。

（二）弘扬工匠精神

厦门工学院"三五规划"总体目标指出：深入推进学校内涵建设，使管理水平、教学质量、科研能力和办学效益明显提高，把厦门工学院建设成为以工科为主、多学科相配套、特色明显、专业优势突出、国内知名的高水平应用型大学，综合实力排名进入全国民办大学前列。

目标中确定的基本定位是"立足厦门，面向海西"，主动适应厦门经济特区和海峡西岸经济区建设和社会发展需要，为区域及全国培养高素质人才，建设以工科为主的教学研究型高校。办学类型为应用技术型民办普通本科高校。

　　为实现此目标，建校以来，校董事会及校领导将弘扬实际技能的工匠精神放在了首位，尤其是近年来在实验室、实训基地建设方面投入巨额资金，为社会提供复合型人才打下坚实基础。截至目前，现有教学仪器设备价值 7 100 余万元，已建成实验室 110 间，其中综合实训实验室 12 间、基础实验室 66 间、专业实验室 32 间。现有多媒体教室座位 8 760 个、语音实验室座位 750 个、教学用计算机 1 884 台。此外，校外实习实训基地 115 家、省级实验教学示范中心 4 个、省级虚拟仿真实验教学示范中心 2 个、省级大学生校外实践教育基地 1 个。

（三）工程坊的作用

1. 工程坊在实验教学过程中的作用

　　工程坊的基本功能是为全校的实验教学、实习实训教学和创新实践服务，其基本任务之一就是：管理全校的实验室，协助各二级学院，完成各专业教学计划内的实验教学任务以及实验室建设项目的申报。为加强理工科本科生实验动手能力，近年来工程坊围绕提高实验教学质量，制定了一系列实验教学文件和规章制度，尤其是在全校范围内推广将实验过程的考核贯穿于实验过程之中，取得了良好效果，具体考核方案见表 7.4.3-1。

表 7.4.3-1 　实验过程考核方案

考核环节	考核比例	考核内容
实验预习	20%	主要检查实验预习报告撰写是否完善，理论计算值是否正确
仪器使用	25%	考核实验过程中仪器设备的使用程度，有无事故、实验错误发生，实验结束是否关仪器、仪表、电源等
实验能力	25%	主要考核学生在实验操作过程中的动手能力、理解能力、实验结果正确与否等
实验报告	20%	考核实验数据正确情况、分析与理论值误差原因，依据实验数据进行数据处理、实验图表处理等，完成实验总结并回答实验报告后面所列思考题等
文明实验	10%	主要检查迟到情况，实验过程中纪律情况，离开时整理现场、导线、工具、桌椅等情况

　　（1）厦门工学院关于学生实验考核成绩的规定（2017 年 12 月下发）

　　为贯彻学校关于加强实验教学环节的有关考核规定，提高学生动手能力，培养学生良好的科学研究习惯，努力将学生实验成绩贯穿于实验过程之中，避免靠印象、照顾随意给分的现象，做到公平、公正、合理、有依据给分，特制定本规定，望所有指导教师参照执行。

① 学生进入实验室前须有预习报告，否则取消本次实验资格。

② 做实验的学生必须按时到达实验室，凡迟到 5 分钟及以上、旷课的学生，均取消本次实验机会。本次实验成绩记为零分，过后不补。

③ 学生必须独立完成实验内容，凡依靠他人帮助完成实验者、顶替他人做实验者，实验成绩记为零分，并通报相关学院。

④ 指导教师根据每个学生的实验全过程认真填写实验成绩考核表，最后结合每个具体环节给出综合成绩。

（2）厦门工学院实验教学过程考核运行效果

实验教学过程在全校各个专业的推广，收到了良好的效果。尤其是物理实验分中心、机械与制造实验分中心、电子与电气实验分中心，结合自己的基础课、专业课特点，参考学校下发的考核标准，制定了各自的实验考核标准，将实验成绩的构成打分贯穿于实验过程之中，极大地调动了学生的实验积极性。同时，指导教师在给成绩时也较好做到公平、公正、合理，避免了事后靠印象、盲目给分现象的出现，收到了非常好的效果。

（3）厦门工学院实验教学质量效果

厦门工学院校董事会针对该校工科专业、非工科专业特色，在工程坊先后投入并建成国内先进的经济管理类实验实训中心、机械制造实验实训中心、金工实习实训中心等。并在博雅教育、专业教育与创新创业教育有机融合的"三位一体"人才培养模式中，制定了一系列提高实验教学、实习实训教学质量的相关文件，保证了学校本科教育的质量不断提升，受到了国内外同行广泛认同与称赞。所以工程坊在本科实验教学中发挥了非常重要的作用。

2. 工程坊在金工实习实训过程中的作用

厦门工学院在工程坊建设投资中，主动对接"一带一路"倡议、"中国制造 2025""教育信息化 2.0 行动"等，以市场需求为导向，以服务地方为使命。购置的设备均具备前瞻性、先进性、通用性，具有较高的科技含量。

如数控加工中心有数控车床 8 台、普通车床 14 台、立铣床 8 台，普通卧铣床、外圆磨床、平面磨床、摇臂钻床、镗床、工业机器人、柔性制造系统、3D 打印机等若干。此外在焊、钳、热工方面也独具特色，尤其在先进制造技术方面引进了特种加工技术的线切割、电火花、激光焊接等设备，不但可满足该校工科类专业的金工实习、实训，也可对非工科类专业进行工科背景下的金工实习实训，还可对外接纳实习实训任务。学校将在"三位一体"模式下，为福建省民办高校在工科背景下的实习、实训探索出一条行之有效的新途径。

3. 工程坊在本科职业技能培训过程中的作用

结合厦门工学院应用技术型民办普通本科高校办学类型，工程坊将充分利用工程实训中心的设备和师资资源，完成数控车工、数控铣工、汽车维修工、维修电工等工种的职业技能培训、鉴定以及各种商务培训、考证等工作。在"三位一体"人才培养模式中作用重大。

4. 工程坊在本科创新实践过程中的作用

创新实践中心是厦门工学院工程坊下属的创新创业实践平台，创新实践中心充分利用工程实训中心和各相关实验室的设备，构建 7 个创新实践平台，其中包含有 CDIO 创新实践平台。

各创新实践平台均对全校师生开放，鼓励学生在网上申报立项，获得批准后可到工程坊实施，项目完成后按计划验收。此外，还将机械和电子电气的创新实践平台建设成为产品研发的制作基地，为学生的创新实践成果、各种参赛作品的制作以及教师科研成果的转化提供装备和技术保障。

所以，工程坊在"三位一体"模式中本科创新实践平台发挥的重要作用，就是鼓励教师与学生进行创新创业的制作活动，目的就是使得机械类、电子类、建筑类、商业类、文化传播类等产品的创意、图纸等，均可在工程坊平台上进行产品的加工、制作、装配、调试，为全校师生参加国内外各类大赛提供技术支持和设备保障，同时也为教师及学生的科研做好服务及成果转化。因而，工程坊在"三位一体"模式中的创新创业教育、专业教育方面显得尤为重要。

5．工程坊在本科现代工程的认知教育过程中的作用

随着科学技术的飞速发展，现代科学技术日新月异，要使当代大学生从入学就要对自己学习的专业有一个全新的认知与认识。使学生有一种使命感、责任感、荣誉感。一句话：不忘初心，牢记使命。要使学生树立起崇尚科学、努力拼搏的远大理想抱负。为此目的，厦门工学院在工程坊大厦四楼投入1 000平方米、450万元资金建立了工程文化馆。

工程文化馆展示的内容除现代工程概论、工程伦理、工匠精神等之外，还设置机械（含机器人、汽车）工程、材料工程、电气工程、电子信息（含通信）工程、建筑（含土木）工程、计算机工程、管理工程等现代工程的专业展厅，综合运用空间艺术设计、实物模型和VR技术、AR技术、多媒体技术、智能化集中控制技术、计算机系统集成、软件应用开发等技术手段，对各个现代工程进行具体的介绍，并充分挖掘各个工程所蕴含的文化内涵。

现代工程的认知教育是实施工程实践教育的第一步，工程文化馆不仅是我校对所有专业的新生进行现代工程认知教育的场所，而且还对社会开放，成为厦门对青少年实施现代工程认知教育的基地。

工程文化馆将在博雅教育、专业教育与创新创业教育的"三位一体"教育模式中发挥重要作用。通过工程文化馆的展示内容，贯穿工程理念的时代穿越，了解工程认识教育中的传统与现代、经验与教训、工程与伦理、虚拟与现实等概念，让学生在掌握和驾驭自己所从事的科学领域方面树立信心，并为此而努力学习。

五、创客坊实践研究

厦门工学院以培养德智体美全面发展的应用型人才为目标，坚持博雅教育、专业教育和创新创业教育相融合的"三位一体"人才培养模式，构建"突出应用、强调能力、注重个性、实行开放、推进创新"的人才培养体系。该校的培养方案科学规划不同专业学生的知识、能力和素质结构，合理设置课程和教学环节，构建与人才培养目标相适应的教育内容和知识

体系。

该校设立的大学生创新创业孵化基地（以下简称"创客坊"）在注重知识传授的同时也注重学生创新精神、创业意识和创新创业能力的培养，将创新创业教育融入人才培养全过程，将创新创业能力培养融入课程教学与实践实训过程，坚持创新创业教育与专业教育深度融合。根据各专业自身特点，结合学科前沿理论与新技术新方法、区域经济发展特点和创新创业实践等情况，科学设计贯穿于"通识教育、专业教育及实践教育"的创新创业课程体系。

（一）创客坊概述

厦门工学院创客坊成立于 2017 年 9 月，位于厦门市集美区孙坂南路 1251 号厦门工学院诚意大厦创业园区，使用面积为 5 733 平方米。该园区建筑总面积为 10 059 平方米，由办公区、公共区、配套服务区组成，功能齐全、设施完善。园区同时可容纳 60 家以上创业团队入驻，并免费为创业团队提供办公场地、办公桌椅、网络、电脑等基本设施。目前已有 30 余支优秀创业项目团队入驻，有 30 名创新创业指导教师、5 名专职指导教师及 2 名创新创业协会兼职工作人员。

创客坊是厦门工学院开展大学生创新创业教育的重要实践平台，是该校实现博雅教育、专业教育与创新创业教育协调发展的教学平台，是集创新创业教育、融资贷款、财务服务、法律服务等于一体的综合性服务平台；以打造"双创教育"知名品牌、扶持大学生自主创新创业为宗旨；以学校综合改革的发展规划为指导，确立了创客坊的战略定位和发展路径，形成了以苗圃区、孵化园、创业园为载体的培养方案，力争为大学生自主创业提供有利条件和良好环境，在该校"三位一体"的教育规划中发挥积极作用。

（二）目标设定

通过完善"三个体系"、坚持"三个结合"、搭建"三个平台"，深化创新创业教育改革，促进该校学生全面发展，努力造就大众创业、万众创新的生力军，发挥"三位一体"人才培养模式中的特殊作用。形成一个博雅教育、专业教育与创新创业教育相融合的培养体系，让该校大学生具备创新创业的能力，并培养出一批优质的学生创业项目。

1. 完善"三个体系"，筑牢创新创业人才培养根基

一是完善保障体系。成立创客坊和大学生创新创业教育领导小组，统筹推进创新创业教育工作。实施导师进基地、创业专家进课堂的"双进"措施，提升教师创新创业教育教学能力。迄今为止，该校有12名专职创新创业导师，18名创业专家进校担任兼职创新创业导师。近两年投入1 500余万元，用于建设面向全体学生开放的创客坊。二是完善教学体系。修订创新创业人才培养方案，增设创新创业类课程模块，强化博雅育人，将创新创业教育融入教师教学科研活动，融入学生第二课堂。三是完善管理体系。设立1~4年弹性学制，实施学分转换制度，学生参加创新创业竞赛、获得授权专利和自主创业等均可折算为学分，学生参赛成果纳入学分体系。教师指导学生创新创业竞赛成果纳入绩效考核和职称评聘体系。

2. 坚持"三个结合"，健全创新创业人才培养机制

一是坚持与立德树人相结合。结合全国高校思想政治工作会议精神与社会主义核心价值观，引导广大学生志存高远，脚踏实地。二是坚持与课堂教学相结合。开设启发式、讨论式、参与式创新创业教学课程16门；改革考试考核办法，科学评价学生综合素质。三是坚持与科学研究相结合。鼓励创新创业教师将科研课题项目纳入学生毕业论文选题范畴，让学生走进科研队伍，2018年创客坊创新创业教师指导学生创新创业训练计划立项达6项，其中国家级大创训练项目2项、省级大创训练项目4项。

3. 搭建"三个平台"，护航创新创业人才培养发展

一是搭建苗圃孵化平台。建设"大学生创新创业育苗区"，面向创业意愿强烈的大二、大三学生开办创业训练营，建立大学生创新创业协会，迄今累计有1 500余名学生参加创新创业培训。二是搭建竞赛平台。通过以赛促教、以赛促学、以赛促改、以赛促创，鼓励学生跨校、跨年级、跨学科、跨专业组建参赛团队，催生优秀项目和成果。仅去年，全校就有1 300多名学生参加市级以上层次竞赛，占在校生总人数的11%。三是搭建孵化平台。创客坊与厦门工学院创业投资有限公司共同建立大学生创业孵化基地，共同打造厦门工学院创新创业品牌孵化基地。基地设有创业苗圃区、创业区、公共服务区、休闲区等功能区，总面积达 1 万多平方米，近两年基地已向社会输送优质项目 10 余个，培育创业企业 30 余个，带动毕业生就业 1 000 余人。

（三）制度保障

为保证学校各项大学生实践与创新能力培养机制有效实施，提高创新教育的质量，学校实施了各项创新创业教育资源投入与保障机制。

1. 组织领导

为统筹协调厦门工学院创新创业教育，深化学校创新创业教育改革，成立校、二级学院两级创新创业组织委员会。学校组委会由董事会、校领导、校长办公室、教务处、宣传处、学工处、创客坊等部门负责人组成，全面负责创业大讲堂、创业训练营和创业大赛的组织与实施。二级学（书）院组委会主要为二级学院领导、创业教师、创业成功校友、专业教师、班主任、书院导师组成。设立评审委员会，组建在大学生创新创业领域有一定影响的校内外专家、政府代表、创业导师、知名企业家、高校教授、风投机构、创业成功校友等为成员，负责项目的评审工作。

2. 管理制度

学校高度重视大学生创新创业工作，重视大学生实践能力和创新能力的培养，2017 年 10 月 25 日出台了《厦门工学院创新创业工作管理办法》（厦工教〔2017〕38 号），办法围绕学校人才培养目标定位，结合该校创新创业教育工作经验，建立了符合该校实际的创新创业教育工作机制，建立了指导帮扶、文化引领为一体的创新创业教育体系，促进人才培养质量的不断提升，学生的创新精神、创业意识和创新创业能力明显增强，投身创业实践的学生占比显著增加。同时在该《办法》中，明确了培养创新型高素质技术人才的目标，把创新创业教育工作纳入学校总体规划和年度考核目标，为推进创新创业教育工作创造良好的环境。

3. 专项基金

为加快学校创新创业工作的建设步伐，学校特批了专项资金用于奖励在指导大学生创新实践工作中取得优秀成绩的教师及管理单位，每年投入资金 100 万元，制定了《厦门工学院创新创业专项资金管理（暂行）办法》（厦工综〔2017〕65 号），主要用于大学生创新创业训练计划项目的立项、大学生创新团队的建设、日常创新创业活动及创新创业竞赛。

4. 奖励机制

为积极鼓励学校教师围绕创新创业开展实践教学活动、鼓励该校创业团队积极参加大赛，学校制定了《厦门工学院 2017 年度创业大讲堂、创业训练营及创业大赛实施方案》（厦工教〔2017〕37 号）等文件，将创新创业教育、创新创业实践纳入教学计划和学分体系；将教师指导学生参加省级以上创新创业大赛获奖作为教师教学工作成绩，在职称评定及岗位聘任时列为基本条件并量化加分。

（四）具体实施

1. 大学生创新创业项目

厦门工学院创客坊于 2018 年 1 月 25 日迎来第一批入园的 19 家企业。发展至今，现入驻企业已达 30 余家。

园区面向全校学生、校友征集创业项目。入驻团队需提交项目策划书并进行项目路演，从产品创新亮点、市场及行业分析、商业模式、实施方案、团队介绍、财务分析等方面对项目展开介绍。入驻项目涉及生态农业、制造业、商务服务、公共服务、信息技术服务、文化创意等多个领域。入园申请人需为厦门工学院在校生或毕业五年以内的校友，可用个人或项目小组名义申报，鼓励不同院系、不同专业背景的学生联合组建团队申请项目。创业团队负责人及其成员不得同时参与多个创业项目的申请。此外，创业活动需经家长和所在院系同意。实行自筹资金、自主经营等原则，创业项目在校级及以上创新创业比赛中获奖的，或有突出学术成就和重大发明创造的，或是团队成员有参加 SYB 培训并获得合格证书的学生团队可优先入园。

创客坊将协助入园企业办理入驻手续，为大学生提供项目调研、企业注册、营业执照办理、银行开户、税务登记、后勤保障服务等多项咨询服务。并对入园创业项目负责人进行创业培训，包括创业项目选择、成本核算、经营管理、市场营销、法律法规、融资理财培训。此外，创客坊已经同该校创业校友会取得联系，与厦门市大学生创业促进会、厦门天擎网络科技有限公司、厦门市天下集美文广传媒有限公司达成合作关系，为该校大学生的创业企业搭建起与社会沟通的平台。创客坊通过落实相关政策，提供项目补助、创业成果奖励等措施，针对符合条件的项目，协助申请政府的扶持基金，为大学生创新创业降低成本。

2. 创新创业导师

创客坊十分重视创新创业导师团队的建设，致力于组建一批高、精、专的导师团队，聘任校内外优秀专家、学者、企业家、海归人士作为该校创新创业师资力量。为更好建设导师团队，该校通过了关于《厦门工学院创新创业导师管理办法（暂行）》。截至目前，创客坊共有专职创新创业指导教师 7 名，校内外指导教师共 30 名，其中校内指导教师 11 人，涵盖了该校各个院系的学科带头人，校外创新创业导师 19 人，分别来自厦门各大高校、各个行业，研究领域广泛、科研成果丰硕。通过专业教师的指导，以期提高该校大学生的创新能力和创业成功率，为该校学子创新创业道路保驾护航。同时为落实该校学术交流活动的规范管理，创建良好的学术交流平台，更加有效有序地组织好该校的学术讲座、学术报告活动，制定了《厦门工学院学术讲座管理办法（2017 年修订）》（厦工综〔2017〕52 号），以提高学校学术水平，活跃学校学术氛围，扩展师生的知识视野。

3. 创新创业教育

创客坊坚持从思想上提高学生对创新创业的认识，不断增强创新创业建设工作的紧迫感，强化创新创业教育，促进该校大学生对创新创业课程的学习，通过邀请福建省教育厅谢友平处长和厦门市科技局孙笑东处长来校指导并作专题报告，举办创业训练营 2 期，开展创业大讲堂 10 课，举办创新创业大赛 1 场，组织推荐优秀创业团队参加市级及以上大赛 3 场等活动，将学生创新精神与实践能力的培养融入人才培养过程的教学环节之中，同时活动成果及大赛成绩也将被纳入创新创业学分体系。

为完善与学校人才培养目标相符合的创新创业教育体系，创客坊积极开展对外交流合作，现已实地观摩福建省大学生创新创业基地（厦门）、一品威客众创空间、厦门理工学院创新创业园区，并在集美大学诚毅学院、厦门华厦学院、厦门安防科技职业学院、厦门华天涉外职业技术学院、厦门兴才职业技术学院、泉州纺织服装职业学院等高校开展双创教育交流活动。目前已与厦门市大学生创业促进会、国家级众创空间软三创客坞、国家级众创空间厦门一品威客投资管理有限公司、海蛎文创空间等区域企业建立校企合作关系；与英国高校交流合作，共同探讨建立创新创业学院。

另外，该校创业团队在各级大赛中均斩获奖项。其中在校级赛（2017年厦门工学院创新创业大赛）中共有 20 支创业团队脱颖而出，在市级赛（2017厦门高校大学生创新创业大赛）中，共计 8 支团队喜获佳绩，这些优秀项目的创业团队还将被推荐参加省级及国家级创新创业大赛。具体课程见表 7.5.4-1。

表 7.5.4-1　创新创业课程体系

课程名称	学分
创新创业大讲堂	2.0
创业创新领导力	2.0
创业精神与实践	3.0
创业心理学	2.0
大学生创新创业"降龙十八讲"	2.0
大学生创业基础	2.0
大学生礼仪规范养成	2.0
公共关系礼仪实务	2.0
广告创意鉴赏	2.0
经济预测与决策技术	2.0
口才艺术与社交礼仪	2.0
台湾文化创意产业导论	2.0
网络创业理论与实践	2.0
演讲与口才	2.0

另外，还组织有创新创业训练营、举办创新创业大讲堂、组织创新创业大赛等举措。

六、博雅教育的实施成效

（一）就业状况

2016 年，厦门工学院荣列福建省教育厅发布的福建省民办本科院校发展潜力排名第一名。该校 2017 届毕业生就业人数为 2 498 人，总体就业率为 97.05%，签约人数为 1 292 人，签约率为 50.19%。见表 7.6.1-1、7.6.1-2 及 7.6.1-3（数据来源《厦门工学院毕业生就业质量年度报告》）。

表 7.6.1-1　2016—2018 届毕业生人数情况统计

时间	毕业生人数	就业人数	签约人数
2016 届	2 234	2 169	1 193
2017 届	2 574	2 498	1 292
2018 届	2 229	2 171	952

表 7.6.1-2　2016—2018 届毕业生总体就业率情况

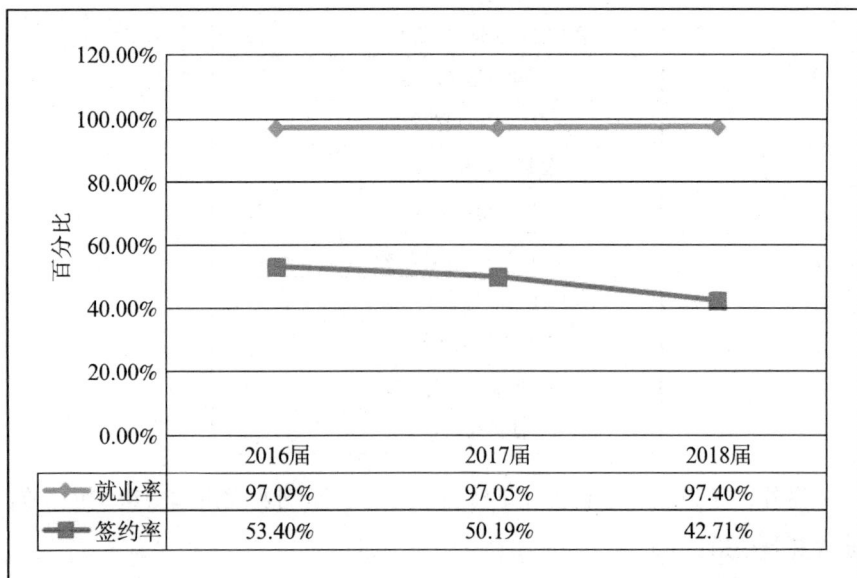

	2016届	2017届	2018届
就业率	97.09%	97.05%	97.40%
签约率	53.40%	50.19%	42.71%

表 7.6.1-3 2016—2018 届毕业生分专业就业率情况统计

专业	就业率（%）		
	2018 届	2017 届	2016 届
机械工程	97.49	93.62	97.23
测控技术与仪器	100.00	100.00	81.82
材料科学与工程	100.00	90.91	100.00
新能源材料与器件	100.00	96.00	100.00
机械工程（专升本）	100.00	100.00	—
建筑学	98.96	100.00	
土木工程	96.88	97.09	98.65
工程管理	98.28	97.30	94.59
工程造价	100.00	95.83	—
风景园林	100.00	—	
音乐表演	100.00	100.00	
动画	100.00	97.62	
传播学	100.00	96.91	—
电气工程及其自动化	96.72	97.03	96.15
电子信息工程	97.27	99.17	100.00
通信工程	92.79	98.60	100.00
光电信息科学与工程	96.15	98.04	96.55
信息管理与信息系统	92.65	100.00	100.00
软件工程	100.00	97.44	100.00
国际经济与贸易	94.21	97.22	95.97
投资学	97.44		—
国际经济与贸易（专升本）	100.00	97.73	
财务管理	98.28	96.67	95.97
财务管理（专升本）	93.33	100.00	—
市场营销	99.09	97.44	

厦门工学院 2017 届毕业生中有 28 人升学，其中主要为财务管理、音乐表演、国际经济与贸易等专业毕业生，升入的高校主要有福建师范大学、

华侨大学、福州大学；有44人出国留学，比上一年度新增24人，增幅133%，出国留学的毕业生主要为财务管理、音乐表演、国际经济与贸易等专业，留学目的地主要为英国、美国、澳大利亚等。

调查发现，毕业生认为对选择职业影响最大的三个因素依次是"社会实践和学习经验""沟通表达能力""专业知识"，分别占29.62%、27.45%和17.93%。

2017届毕业生的工作与专业相关度为71%。有44%的毕业生表示其工作与专业完全相关，工作与专业相关度较高的专业是软件工程、土木工程。

（二）经验总结

学校高度重视创新创业教育，把深化创新创业教育作为教学综合改革的突破口，从顶层设计、平台建设、赛事训练、课程改革四个方面"四位一体"促进"双创"人才教育培养。

1. 创新创业教育改革的整体规划与布局

学校制定《厦门工学院创新创业教育改革实施方案》，2015年起全面深化创新创业教育改革，到2020年建立健全的融课程教学、实习实训、平台建设、基地孵化、支持保障为一体的创新创业教育体系，强化学生自主学习，完善文化引领和指导帮扶，稳步提高毕业生就业质量和人才培养质量。学校成立"厦门工学院创新创业教育工作领导小组"，由校长担任组长，分管教学和学生工作的校领导担任副组长，领导小组统筹协调大学生创新创业教育全局性工作，负责对重大问题做出决策，指导和协调各部门、各学院开展相关工作。在学校统一领导下，各部门分工协作，积极开展创新创业教育工作。

2. 加快建设创新创业教育实践平台

学校由教务处牵头，结合团委、职业指导教研室及就业指导中心来共同推动创新创业教育改革。在资源上给予倾斜，确保所需实验设备、实践场地、经费以及制度支持四步到位。

（1）建设并开放全校实验室及CDIO创新实践中心

现有土木工程省级实验教学示范中心、机械工程实验教学示范中心、

CDIO 创新实践中心等实验室均对学生的创新创业活动实施开放管理，其中CDIO 创新实践中心累计投入 60 多万元购置 3D 打印机、5 轴机器人等设备供学生使用，为学生提供固定的场地及设备，为创新创业研究和实践提供服务。2017 年，学校电工电子实验教学示范中心、工程坊经济管理实验教学示范中心、建筑土木虚拟仿真实验教学中心三个教学示范中心获批省级示范中心，成为学生创新精神和动手实践能力培养基地。

（2）建设校内外创新创业基地

建设并利用好校内一期总面积达 1 300 平方米的创客坊，二期总面积达26 203 平方米的工程坊也投入使用，有效推动校企、校所协同育人基地建设。积极整合学校内部资源，争取集美区高校创新创业区资源，目前在集美区创业大厦设立了 110 平方米的孵化基地。学校不断完善基地条件，加大指导支持力度，健全运行机制，确保"场地、人员、经费、制度"到位，充分发挥校内外基地的聚集和带头效应，为学生创新创业打造良好的硬件设施和完备的配套服务。创客坊是厦门工学院创新创业教育工作的良好开端，为营造学校"双创教育"氛围，打造厦门工学院"双创教育"知名品牌打下坚实基础。目前，创客坊已有 20 个项目，80 余名学生入驻，通过学校层面积极争取省市等地方政府和行业企业的支持，促进项目对接、落地转化、知识产权交易、项目融资，提供生产经营场所和企业孵化服务，提高孵化成功率，努力实现产业化。

3. 以学科竞赛为抓手，推动创新创业教育改革

以学科竞赛为抓手，鼓励学生参与创新创业训练计划，实现学科竞赛多样化、常态化，充分发挥学科竞赛中先进典型的示范、引领和带动作用，以赛促学，以赛带学，激发学生参与创新创业的积极性，切实增强学生的创新精神和创新能力。目前，厦门工学院已有大学生创新创业训练计划立项项目 122 项（国家级 40 项、省级 82 项），参与学生 400 多人。学校积极贯彻落实《国务院办公厅关于深化高等学校创新创业教育改革的实施意见》隆重举办了"互联网 +"大学生创新创业大赛，参赛项目累计一百多项，参赛人数达 400 多人，最后经过角逐评出一等奖两名、二等奖四名、三等奖十名、优秀奖十三名。通过创新创业竞赛和大学生创新创业训练计划，让学生在自我教育、自我管理、自我服务的过程中领悟创新创业文化，培养创新思维和团队合作精神。

4. 开展创新创业专业改革试点，丰富课程体系

学校将学生创新实践能力的培养作为人才培养模式改革的一个重要突破口，建立了一批创新训练基础课程和方向课程。参加创新训练基础课程和方向课程的学生共计300余人，通过课程训练，让学生了解掌握创业理论知识、创业家养成、公司注册流程和步骤、企业成长战略等知识，激发他们的创业意识，掌握创业技能，增强学生的创业能力。此外，2017年，创客坊于每周末定期举办的创业大讲堂、创业训练营等创新创业主题活动14场，共计3 000余人次参加，开展创新创业培训班6次，共计2 150人参加。

参考文献

《马克思恩格斯全集》（第1—50卷），北京：人民出版社，1956—1985年。

《马克思恩格斯选集》（第1—4卷），北京：人民出版社，2012年。

《习近平谈治国理政》（第2卷），北京：外文出版社，2017年。

《习近平在纪念孔子诞辰2565周年国际学术研讨会暨国际儒学联合会第五
    届会员大会开幕会上的讲话》，《人民日报》2014年9月25日。

《习近平在中共中央政治局第十三次集体学习时强调：把培育和弘扬社会主
    义核心价值观作为凝魂聚气强基固的基础工程》，《人民日报》2014年2
    月26日。

陈建华：《论基础教育、素质教育与博雅教育的内在关系》，《南京社会科学》
    2013年第9期。

陈雪芬：《清华大学外文系的博雅教育模式分析》，《教育评论》2010年第
    1期。

程建华、荣文婷、赵琳：《博雅教育在我国的本土化实施策略探讨》，《黑龙
    江高教研究》2015年第5期。

董圣足、佘国平：《博雅教育模式的引入：机遇、条件和策略—基于国内民
    办高校探索举办美式文理学院的思考》，《浙江树人大学学报》（人文社
    会科学版）2016年第2期。

杜威：《艺术即经验》，高建平译，北京：商务印书馆，2005年。

哈贝马斯，《交往行为理论》第1卷，曹卫东译，上海：上海人民出版社，
    2004年。

哈佛委员会：《哈佛通识教育红皮书》，李曼丽译，北京：北京大学出版社，
    2010年。

黑格尔：《美学》（第1卷），朱光潜译，北京：商务印书馆，1979年。

连进军、解德渤：《作为概念体系的自由教育及其发展脉络——兼与博雅教

育、通识教育辨析》,《高等教育研究》2013 年第 1 期。

凌红:《南华工商学院博雅教育内涵及实践路径研究》,《教育教学论坛》
　　2016 年第 9 期。

骆少明、刘淼:《2009 中国大学通识教育报告》,广州:暨南大学出版社,
　　2010 年。

南怀瑾:《老子他说》,上海:复旦大学出版社,2011 年。

南怀瑾:《论语别裁》(上、下),上海:复旦大学出版社,2008 年。

欧阳九根、傅洪健:《传统文化视域下高校思想政治教育路径研究》,《黑龙
　　江高教研究》2013 年第 9 期。

乔纳森·贝克:《博雅教育的内容》,岳玉庆、赢莉华译,《开放时代》2005
　　年第 3 期。

沈文钦:《西方学者对博雅教育思想史的研究:1890—2005》,《清华大学
　　教育研究》2009 年第 6 期。

王英、吴礼光:《推进闽台高校交流合作 借鉴台湾经验提高博雅教育实效
　　性》,《湖北广播电视大学学报》2014 年第 7 期。

魏善春:《博雅教育视野下对大学教育改革的思考》,《教育探索》2009 年
　　第 9 期。

沃尔夫冈·韦尔施:《重构美学》,陆扬等译,上海:上海译文出版社,
　　2002 年。

邬川雄:《文化移植、传承与创新? ——从西方大学的博雅教育传统看台湾
　　通识教育》,《通识教育与跨域研究》1997 年第 5 期。

武巍:《高校通识教育的现状与实施路径》,《沈阳师范大学学报》(社会科
　　学版)2015 年第 3 期。

习近平:《在中央党校建校 80 周年庆祝大会暨 2013 年春季学期开学典礼上
　　的讲话》,《理论视野》2013 年第 3 期。

席勒:《席勒散文选》,张玉能译,天津:百花文艺出版社,1997 年。

许占权:《西方博雅教育思想的演变与发展》,《现代教育科学》2012 年第
　　3 期。

杨福家:《博雅教育》(第二版),上海:复旦大学出版社,2014 年。

杨洲:《高校通识教育存在的问题及应对策略》,《教育探索》2011年第11期。

张亮:《"自由学科"与知识的整体性——我国当前通识教育、博雅教育中的课程设置问题》,《湖南科技学院学报》2015年第6期。

张喜梅、张雪菲:《麻省理工学院的通识教育对理工大学课程设置的启示》,《中国冶金教育》2005年第2期。

张咸杰、张立兴:《中华优秀传统文化融入高校思想政治理论课研究——以"思想道德修养与法律基础"课为例》,《思想教育研究》2016年第11期。

张亚月:《从博雅教育维度审视大学德育:目标、方法及途径》,《湘潭大学学报》(哲学社会科学版)2014年第6期。

赵康:《高校学生素质内涵及素质培养模式初探》,《学海》2002年第1期。

钟仕伦:《西方美育思想简史》,北京:中国社会科学出版社,2007年。

朱成全:《企业文化概论》,大连:东北财经大学出版社,2010年。

朱桃杏等:《国内外大学博雅教育特征比较与启示——兼论我国高校博雅教育形势与体制建构》,《石家庄铁道大学学报》(社会科学版)2010年第4期。

朱云生:《中华优秀文化融入高校思想政治课教学研究》,《吉林教育》2020年Z1期。

Bruce A. Kimball, Orators and philosophers: *A history of the idea of liberal education*, New York: Teachers College Press, 1986.

H. Parker, "The Seven Liberal Arts," *the English Historical Review19*, 1890.

Paul Abelson, "The Seven Liberal Arts," *a Study in Medieval Culture*, New York, Teachers' College, Columbia University, 1906.

Sheldon Rothblatt, "The Limbs of Osiris: Liberal Education in the English-speaking World," in The European and American University since 1800: Historical and Sociological Essays edited by Sheldon Rothblatt and Bjorn Wittrock, eds. Cambridge, New York: Cambridge University Press, 1993.

后 记

　　博雅教育作为理科院校厦门工学院的办学特色之一，学校从 2015 年开始就对其进行理论思考与实践探索。本书的最初框架源自我主持的 2016 年福建省教育厅高校教育教学改革项目"博雅教育的移植与本土化实施研究"。在完成蔡远利校长主持的 2017 年福建省本科高校教育教学改革研究重大项目"基于博雅教育理念的'三位一体'人才培养模式探究"的过程中，我不断丰富和完善有关博雅教育理论与实践的内容。在不断的理论探索与实践思考中，最终形成本书。

　　一切的实践皆源于理论的指导，因此，关于博雅教育的元问题的探讨是无法回避的，这些元问题包括什么是博雅教育、博雅教育的渊源、博雅教育的发展等。博雅教育理念在西方由来已久，并业已贯彻在西方各国的教育历史与实践中。西方国家在实施博雅教育过程中形成了各自的博雅教育理论，例如，英国的古典博雅教育、美国的通识教育、德国的博雅教育等。与此同时，如何把博雅教育的理论与我国现代化教育实行无缝对接显然是理论研究的重点内容；而中国传统教育理念所展现的丰富内涵，是极具中国特色的"博雅教育"；马克思主义关于"人的自由全面发展理论"为社会主义国家的人的培养目标提供了可以遵循的理论依据；新时代的教育方针和教育目标也是进行博雅教育本土化移植的价值导向。在实践部分，除了考察国内外一些学校实施博雅教育的情况外，我们以厦门工学院为例对博雅教育进行了进一步的探讨与研究。

　　感谢蔡远利校长将我纳入课题组，并在课题实施与完成的过程中，给予我许多指导和帮助。另外，在本书的撰写过程中，得到了课题组成员的大力帮助：本书的第七章的第三个问题"书院育人模式的经验和方法"得到了学生处处长汤伟明的帮助；第四个问题"工程坊在博雅教育中的作用"得到了陈霄副教授的帮助；第五个问题"创客坊实践研究"得到了高级经济师梁宏的帮助；厦门工学院教育教学方面的制度、文件以及相关实践资料的搜集，得到了教务处游荣义教授的帮助；而在第六个问题中，厦门工学院毕业生的相关信息则是由学生处任军老师提供。另外，苏涵教授、马建华教授作为课题组成员都给予我无私的帮助，在此一并感谢。

　　从接触博雅教育到现在，研究过程中的酸甜苦辣都成为难以复制的乐曲，我手捧完稿，不断地修改、修改、再修改，希望以更好的面目面向读者。当然，一定还有很多的缺憾和不足，恳请各位专家、学者批评指正。

李立男

2021 年 2 月于厦门